Robert Louis Stevenson
Der seltsame Fall von Dr. Jekyll und Mr. Hyde

Juristische Zeitgeschichte
Abteilung 6, Band 59

Juristische Zeitgeschichte
Hrsg. von Prof. Dr. Dr. Dr. h.c. Thomas Vormbaum
(FernUniversität in Hagen, Institut für Juristische Zeitgeschichte)

Abteilung 6:
Recht in der Kunst – Kunst im Recht
Mithrsg.
Prof. Dr. Gunter Reiß
(Universität Münster)
Prof. Dr. Anja Schiemann
(Deutsche Hochschule der Polizei, Münster-Hiltrup /
Universität zu Köln)

Band 59

Redaktion: Katharina Lukoschek

De Gruyter

Robert Louis Stevenson

Der seltsame Fall
von Dr. Jekyll und Mr. Hyde

1886

Mit Kommentaren von Anja Schiemann
und Burkhard Niederhoff

De Gruyter

Univ.-Prof. Dr. Anja Schiemann: Leiterin des Fachgebietes „Strafrecht, Strafprozessrecht und Kriminalpolitik" an der Deutschen Hochschule der Polizei in Münster-Hiltrup; ab Sommersemester 2022 Universität zu Köln.
https://www.dhpol.de/departements/departement_III/FG_III.5/schiemann.php

Univ.-Prof. Dr. Burkhard Niederhoff: Inhaber des Lehrstuhls für Englische Literatur / Chair of English Literature an der Ruhr-Universität Bochum.
https://www.ruhr-uni-bochum.de/neuere-englische-literatur/biography.html.en

Textgrundlage: Der seltsame Fall des Doktor Jekyll und des Herrn Hyde. Stuttgart o.J. Deutsch von Gisela Etzel (1880–1918).

ISBN 978-3-11-079536-3
e-ISBN (PDF) 978-3-11-079546-2
e-ISBN (EPUB) 978-3-11-079554-7

Library of Congress Control Number: 2022937002

Bibliografische Information der Deutschen Nationalbibliothek

Die Deutsche Nationalbibliothek verzeichnet diese Publikation in der Deutschen Nationalbibliografie; detaillierte bibliografische Daten sind im Internet über http://dnb.dnb.de abrufbar.

© 2022 Walter de Gruyter GmbH, Berlin/Boston

Umschlagabbildung: Robert Louis Stevenson. Hulton Archive / Getty Images.

Druck und Bindung: CPI books GmbH, Leck

www.degruyter.com

Inhalt

Robert Louis Stevenson
Der seltsame Fall von Dr. Jekyll und Mr. Hyde
The Strange Case of Dr. Jekyll and Mr. Hyde (1886) VII

KOMMENTARE

KOMMENTAR I
Anja Schiemann
Ein Mensch besteht in Wirklichkeit aus zwei Menschen –
Über den Widerstreit von Gut und Böse in
„Dr. Jekyll und Mr. Hyde" 97

KOMMENTAR II
Burkhard Niederhoff
„Strange Case of Dr. Jekyll and Mr. Hyde"
als erzählerisches Kunstwerk und als Gestaltung
des Doppelgänger-Motivs 117

DER SELTSAME FALL
VON DR. JEKYLL UND MR. HYDE
THE STRANGE CASE OF DR. JEKYLL AND MR. HYDE
(1886)

Die Tür

Rechtsanwalt Utterson war ein Mann mit bärbeißigem Gesicht, das niemals von einem Lächeln erhellt wurde; kalt, wortkarg und verlegen im Gespräch; schwerfällig in seinen Gefühlen; hager, lang, ein verstaubter, trauriger Mensch, und dabei doch in gewisser Weise liebenswürdig. Bei freundschaftlichen Zusammenkünften und wenn der Wein nach seinem Geschmack war, strahlte etwas eminent Menschliches aus seinen Augen – etwas Menschliches, das sich allerdings niemals in seinen Worten zeigte, sich aber nicht nur in diesen stummen Symbolen eines Nachtischgesichtes aussprach, sondern häufiger und laut und deutlich in den Handlungen seines Lebens. Er war strenge gegen sich selbst; trank, wenn er allein war, Gin, um einen Geschmack für edle Weine zu bekämpfen; und obwohl er das Theater liebte, war er seit zwanzig Jahren nicht über die Schwelle eines solchen gekommen. Aber ihm war eine erprobte Duldsamkeit anderen Menschen gegenüber eigen; manchmal erstaunte er, beinahe mit einer Art von Neid, über den hochgespannten Geisteszustand, der sich in ihren Missetaten aussprach; und in jeder gefährlichen Lage, in die solche Menschen gerieten, war er mehr geneigt, ihnen zu helfen, als sie zu verdammen.

„Ich neige zu Kains Ketzereien", lautete ein barockes Wort von ihm, das er gelegentlich zu gebrauchen pflegte: „Ich lasse meinen Bruder auf seine eigene Art und Weise zum Teufel gehen".

Bei solcher Charakteranlage war es ihm häufig beschieden, daß er der letzte in Achtung stehende Bekannte von Menschen war, mit denen es bergab ging, und daß er den letzten guten Einfluß auf solche Menschen ausübte. Und solange sie in seinem Hause verkehrten, zeigte er in seinem Benehmen gegen sie niemals eine Spur von einer Änderung.

Ohne Zweifel fiel ein solches Verhalten Herrn Utterson nicht schwer; denn er war sicherlich ein kühler Mensch, und sogar seine

Freundschaften schienen auf einer ähnlichen gutmütigen Gleichgültigkeit zu beruhen. Es ist das Kennzeichen eines bescheidenen Menschen, wenn er seinen Freundeskreis fix und fertig aus den Händen der Gelegenheit entgegennimmt; und dies war bei dem Rechtsanwalt der Fall. Seine Freunde waren entweder Blutsverwandte oder die Menschen, die er am längsten gekannt hatte; seine Zuneigungen wuchsen wie Efeu mit der Zeit, sie bedeuteten nicht, daß der Gegenstand besonders geeignet war. So war auch ohne Zweifel die Freundschaft zu erklären, die ihn mit einem entfernten Verwandten, dem allgemein bekannten Lebemann Richard Enfield, verband. Es war für viele Leute eine harte Nuß zu knacken, was diese beiden miteinander verbinden könnte, oder welche Interessen sie gemeinsam haben könnten. Von Leuten, die ihnen auf ihren Sonntagsspaziergängen begegnet waren, wurde berichtet, daß sie nicht sprächen, außerordentlich gelangweilt aussähen und mit sichtlicher Erleichterung das Erscheinen eines Freundes begrüßten. Trotz alledem legten die beiden Herren den größten Wert auf diese Spaziergänge, schätzten sie als das größte Kleinod jeder Woche und lehnten ihretwegen nicht nur gesellige Vergnügungen ab, sondern setzten sogar geschäftliche Verpflichtungen hintenan, um den ununterbrochenen Genuß eines solchen Beisammenseins zu haben. Bei einer dieser Streifereien geschah es, daß ihr Weg sie durch eine Nebenstraße in einem verkehrsreichen Londoner Viertel führte. Die Straße war klein und, wie man das nennt, ruhig; aber an den Wochentagen herrschte in ihr ein lebhafter Geschäftsverkehr. Die Anwohner waren dem Anschein nach alle wohlhabend und alle von eifriger Hoffnung erfüllt, es zu noch größerem Wohlstand zu bringen, und benutzten den Überschuß ihrer Gewinne zu koketten Ausschmückungen ihrer Geschäfte, so daß die Schaufenster in dieser Straße etwas Einladendes hatten, wie eine Reihe lächelnder Verkäuferinnen. Sogar sonntags, wenn die Straße ihre sonst schmucker blühenden Reize verhüllte und verhältnismäßig menschenleer dalag, stach sie von ihrer schäbigen Nachbarschaft ab, wie ein Feuer in einem Walde; mit ihren frischgemalten Fensterläden, blankgeputzten Messingzieraten und mit ihrer allgemeinen Sauberkeit und Heiterkeit war sie sofort dem Auge des Vorübergehenden ein wohlgefälliger Anblick. Zwei Türen von der Ecke ab, zur linken Hand in östlicher Richtung, wurde die Häuserreihe durch den Eingang zu einem Hof unterbrochen; und gerade an dieser Stelle drängte ein finster aussehendes Gebäude seinen Giebel auf die Straße vor. Es war zwei Stockwerke hoch, hatte kein einziges Fenster, sondern weiter nichts als eine Tür im Erdgeschoß und eine blinde Stirn von schmutziger Mauer im oberen Stock, und trug in jedem Zug die Merkmale einer langen, schmutzigen Vernachlässigung. Die Tür, die weder mit einer Glocke noch mit einem Klopfer ausgerüstet war, war rissig und fleckig. Strolche schlotterten in diesen Winkel hinein und strichen an der Tür ihr Zündholz an; Kinder spielten auf den Treppenstufen Kaufladen; der Schuljunge hatte an den Holzpfeilern sein Messer versucht; und beinahe eine Generation hindurch war niemals ein Mensch erschienen, um diese gelegentlichen Besucher fortzujagen oder ihre Verwüstungen auszubessern.

Enfield und der Rechtsanwalt gingen auf der anderen Seite dieser Nebenstraße; als sie aber der Hoftür gegenüber waren, hob Enfield seinen Stock und zeigte über die Straße hinüber und fragte:

„Haben Sie jemals die Tür bemerkt?"

Und als sein Begleiter diese Frage bejahte, fuhr er fort:

„Sie ist in meiner Erinnerung mit einer sehr sonderbaren Geschichte verknüpft".

„So?" sagte Utterson mit einer kleinen Veränderung in der Stimme, „und wie war das?"

„Tja, das war so: Ich kam von irgendeiner Gesellschaft am anderen Ende der Welt nach Hause; es war ungefähr drei Uhr an einem schwarzen Wintermorgen, und mein Weg führte durch einen Stadtteil von London, wo buchstäblich nichts weiter zu sehen war, als Laternen. Straße auf Straße, und alle Leute im Schlaf – Straße auf Straße, alle hell erleuchtet wie für eine Prozession und alle so leer wie eine Kirche – bis ich zuletzt in jene Geistesverfassung geriet, in der man horcht und horcht und sich nach dem Anblick eines Schutzmanns zu sehnen beginnt. Plötzlich sah ich zwei Gestalten: die eine war ein kleiner Mann, der in rüstigem Schritt nach Osten stampfte, die andere ein Mädchen von vielleicht acht oder zehn Jahren, das, so schnell es nur konnte, eine Querstraße herabrannte. Nun, die beiden liefen an der Ecke gegeneinander an, das war ja ganz natürlich; dann aber kam das Schreckliche, Grausige: der Mann trampelte ganz ruhig dem Kind auf den Leib und ließ es schreiend am Boden liegen. Wenn man es so hört, klingt es nach nichts. Aber anzusehen war es höllisch. Es war, wie wenn nicht ein Mensch das getan hätte, sondern ein teuflischer Götze, ein Juggernaut, der mit seinen Wagenrädern über Menschenleiber dahinfährt. Ich schrie unwillkürlich laut auf, rannte herzu, packte den feinen Herrn am Kragen und schleppte ihn an die Stelle zurück, wo sich bereits eine ganze Gruppe um das schreiende Mädchen gebildet hatte. Er war vollkommen kühl und leistete keinen Widerstand; aber er warf mir einen einzigen Blick zu, einen so gräßlichen Blick, daß mir der Schweiß ausbrach und über den Leib lief. Die Leute, die herbeigelaufen waren, waren die eigenen Angehörigen des Mädchens; und sehr bald erschien auch der Doktor, den zu holen das Kind ausgeschickt worden war. Na, dem Kind war nicht viel geschehen; es war mehr der Schreck, wie der Pflasterkasten sagte; und somit hätte man annehmen können, die Geschichte wäre zu Ende. Aber es war ein sonderbarer Umstand dabei. Ich hatte auf den ersten Anblick einen Ekel vor diesem Herrn empfunden. Dasselbe war mit den Angehörigen des Kindes der Fall, was auch ganz natürlich war. Aber was mir auffiel, war das Benehmen des Doktors: es war die übliche Sorte von einem trockenen Apotheker, von unbestimmtem Alter und keiner besonderen Farbe, der mit einem starken Edinburgher Akzent sprach und ungefähr so gefühlvoll war wie ein Dudelsack. Na, ich sage Ihnen: der war geradeso wie die anderen alle! Jedesmal, wenn er meinen Gefangenen ansah, bemerkte ich, daß der Pflasterkasten ganz wild wurde und kreideweiß vor Lust, den Mann totzuschlagen. Ich wußte, was in seinem Sinn vorging, genau so, wie er wußte, was ich fühlte; und da Totschlagen nicht in Frage kam, so taten wir das, was dem am nächsten kam. Wir sagten dem Mann: wir könnten und würden aus dieser Geschichte einen solchen Skandal machen, daß sein Name von einem Ende Londons zum anderen stinken würde. Wenn er überhaupt Freunde und Kredit hätte, so würden wir dafür sorgen, daß er diese und diesen verlieren würde. Und die ganze Zeit über, während wir uns in glühende Entrüstung redeten, mußten wir die Weiber von ihm abhalten, so gut wir konnten, denn die waren so wild wie Furien. Niemals habe ich einen Kreis von solchen haßerfüllten Gesichtern gesehen; und mitten in diesem Kreise stand der Mann mit einer Art von finsterer, höhnisch lächelnder Kühle – auch geängstigt, das konnte ich wohl sehen – aber seine Haltung bewahrend, wahrhaftig, Utterson, wie Satan. 'Wenn Sie belieben, aus diesem Zufall Kapital schlagen zu wollen', sagte er, 'so bin ich natürlich machtlos. Es gibt keinen Gentleman, der nicht vor allen Dingen eine Szene zu vermeiden wünscht. Nennen Sie Ihre Summe'. Nun, wir schraubten ihn nach und nach bis zu hundert Pfund hinauf, die er an des Mädchens Familie zahlen sollte; offenbar hätte er am liebsten sich gesträubt, aber die Aufregung der ganzen Menschenansammlung war so groß, daß er schließlich sah, das Ding würde gefährlich, und so gab er denn zuletzt klein bei. Das Nächste war nun, das Geld herbeizuschaffen; und was meinen Sie, wohin er uns führte? Hier nach dieser Stelle mit der Tür! Holte einen Schlüssel aus der Tasche, ging hinein und kam sofort wieder mit ungefähr zehn Pfund in Gold und für den Rest mit einem Scheck auf Couths, zahlbar an den Vorzeiger und unterzeichnet mit einem Namen, den ich nicht nennen darf – obgleich er allerdings bei meiner Geschichte wichtig ist; nur soviel: es war ein sehr wohl bekannter Name, den man oft in den Zeitungen gedruckt sieht. Es war ein ordentliches Stück Geld; aber die Unterschrift war auch für mehr gut, wenn sie nur echt war. Ich nahm mir die Freiheit, dem Herrn anzudeuten, daß die ganze Geschichte märchenhaft erscheine, daß im wirklichen Leben ein Mensch nicht um vier Uhr morgens in eine Kellertür hineingehe und mit dem Scheck eines anderen Menschen im Betrage von beinah hundert Pfund wieder herauskomme. Aber er war ganz unbefangen und lächelte nur höhnisch. 'Beruhigen Sie sich nur', sagte er, 'ich werde bei Ihnen bleiben, bis die Bank geöffnet wird, und werde dann den Scheck selber einkassieren'. So gingen wir denn alle miteinander los: der Doktor und der Vater des Mädchens und unser Freund und ich, und brachten den Rest der Nacht in meiner Wohnung zu. Und am anderen Morgen frühstückten wir erst und gingen dann alle miteinander zur Bank. Ich gab den Scheck selber ab und sagte, ich hätte allen Grund anzunehmen, daß er gefälscht wäre. Keine Spur! Der Scheck war echt!"

„Oh, oh!" sagte Utterson.

„Ich sehe. Sie fühlen ganz wie ich," sagte Enfield. „Ja, es ist eine böse Geschichte. Denn mein Mann war ein Bursche, mit dem kein anständiger Mensch was zu tun haben könnte, ein richtiger Galgenvogel. Und die Person, die den Scheck ausstellte, ist die Blüte der Wohlanständigkeit, ist sogar ein berühmter Mann und ist – was das schlimmste dabei ist – einer von euren Leuten, die – wie man das nennt – Gutes tun. Erpressung – vermute ich. Ein anständiger Mensch bezahlt wohl oder übel für irgendwelche Bocksprünge seiner Jugendjahre. Das Erpresserhaus nenne ich infolgedessen dieses Gebäude mit der Tür. – Aber freilich – auch das erklärt ja die Geschichte noch nicht annähernd", setzte er hinzu, und mit diesen Worten versank er in ein nachdenkliches Schweigen. Aus diesem rief Utterson ihn wieder zu sich, indem er ziemlich plötzlich fragte:

„Und Sie wissen nicht, ob der Aussteller des Schecks in dem Hause hier wohnt?"

„Es sieht nicht so recht danach aus, was?" antwortete Enfield. „Aber ich habe mir zufällig seine Adresse gemerkt; er wohnt an irgendeinem Platz".

„Und Sie erkundigten sich niemals nach ... dem Gebäude mit der Tür?"

„Nein, Utterson. Mein Zartgefühl hielt mich davon ab. Ich habe überhaupt eine starke Abneigung gegen Fragestellen; es erinnert zu sehr an den Tag des Jüngsten Gerichts. Man rührt an eine Frage, und es ist, wie wenn man im Gebirge an einen Stein stößt. Man sitzt ruhig oben auf einem Berg, und da saust der Stein los und reißt andere mit; und plötzlich kriegt ein gutmütiges altes Männchen – an das man gewiß niemals gedacht hätte – in seinem eigenen Hausgärtchen einen von den Steinen auf den Kopf, und der schmeißt ihn um, und es kommt eine böse alte Geschichte heraus, und seine Angehörigen müssen ihren Namen ändern. Nein, Utterson – ich mach es mir zur Regel: je mehr etwas nach Spitzbubenkram aussieht, desto weniger frage ich!"

„Eine sehr gute Regel," sagte der Rechtsanwalt.

„Aber ich habe selber um das Gebäude herumgespürt," fuhr Enfield fort. „Es scheint kaum ein Haus zu sein. Eine andere Tür ist nicht vorhanden, und kein anderer Mensch geht ein oder aus als – in großen Zwischenräumen einmal – der Gentleman, mit dem ich das Abenteuer hatte. Im ersten Stock sind drei Fenster nach dem Hof hinaus; unten ist keins; die Fenster sind stets geschlossen, aber sauber. Und dann ist ein Schornstein da, der gewöhnlich raucht; es muß also jemand dort wohnen. Und doch ist das nicht so sicher; denn die Gebäude um jenen Hof herum sind so ineinander geschoben, daß es schwer zu sagen ist, wo das eine aufhört und das andere anfängt".

Die beiden gingen eine Weile schweigend weiter; dann sagte Utterson:

„Enfield, Sie haben da eine gute Regel".

„Ja, ich glaube auch".

„Aber bei alledem", fuhr der Anwalt fort, „ist da noch ein Punkt, nach dem ich fragen möchte: ich möchte wissen, wie der Mann hieß, der auf dem Kind herumtrampelte".

„Nun, ich sehe nicht, was das schaden könnte. Es war ein Mann namens Hyde".

„Hm," sagte Utterson, „wie sieht der wohl aus?"

„Er ist nicht leicht zu beschreiben. In seinem Äußeren stimmt irgend etwas nicht. Ich sah niemals einen Menschen, der mir so zuwider war – und doch weiß ich kaum, warum. Er muß irgendwo an seinem Leibe verkrüppelt sein. Er macht sofort den Eindruck, verwachsen zu sein, obgleich ich eine bestimmte Stelle nicht bezeichnen könnte. Er ist ein ganz auffallend aussehender Mann, und doch kann ich tatsächlich nichts Außergewöhnliches an ihm bezeichnen. Nein, Utterson, ich kann's nicht ausdrücken, ich kann ihn nicht beschreiben. Nicht etwa, weil ich mich nicht deutlich erinnere – denn ich versichere Ihnen, ich sehe ihn in diesem Augenblick vor mir".

Utterson ging wieder ein Stück schweigend weiter; offenbar drückte ihn ein Gedanke.

„Sie sind sicher, daß er einen Schlüssel benutzte?" fragte er schließlich.

„Mein lieber Utterson …", rief Enfield, ganz über die Maßen erstaunt.

„Ja, ich weiß," sagte Utterson, „es muß sonderbar erscheinen. Es ist Tatsache: wenn ich Sie nicht nach dem Namen des anderen frage, so ist das, weil ich den schon kenne. Sie sehen, Richard, Ihre

Geschichte ist unter die Leute gekommen. Wenn Sie in irgend einem Punkt ungenau gewesen sind, ist es gut, wenn Sie ihn richtigstellen".

„Ich meine, Sie hätten mich warnen sollen", versetzte der andere mit einem Anflug von Verdrießlichkeit. „Aber ich bin pedantisch genau gewesen, wie Sie das nennen. Der Kerl hatte einen Schlüssel; und noch mehr: er hat ihn noch jetzt. Ich sah ihn Gebrauch davon machen, es ist noch keine Woche her".

Utterson seufzte tief, sagte aber kein einziges Wort, und der junge Mann fuhr fort:

„Da habe ich wieder einmal eine Lehre bekommen, nichts zu sagen! Ich schäme mich meiner langen Zunge. Wir wollen ein Abkommen treffen, daß wir niemals wieder über dieses Thema sprechen".

„Von ganzem Herzen!" rief der Anwalt. „Darauf gebe ich Ihnen die Hand, Richard".

Nachforschung nach Hyde

An jenem Abend kam Utterson in düsterer Stimmung in seine Junggesellenwohnung und setzte sich ohne Appetit zum Essen nieder. Es war seine Gewohnheit, sonntags nach der Mahlzeit sich dicht an das Kaminfeuer zu setzen und irgendein langweilig frommes Buch auf seinem Lesepult liegen zu haben, bis es auf der nahen Kirche zwölf Uhr schlug, worauf er nüchtern und dankbar zu Bett ging. An diesem Abend aber nahm er, sobald das Tischtuch abgehoben war, eine Kerze und ging in sein Arbeitszimmer. Dort öffnete er seinen Geldschrank, nahm aus dem Geheimfach desselben ein Dokument hervor, das auf dem Umschlag als Dr. Jekylls Testament bezeichnet war, und setzte sich mit gerunzelter Stirne nieder, um den Inhalt desselben zu studieren. Dieser letzte Wille war vom Doktor mit eigener Hand geschrieben; denn Utterson hatte ihn zwar in seinen Gewahrsam genommen, nachdem er einmal geschrieben war, hatte sich aber geweigert, bei der Abfassung auch nur die geringste Hilfe zu leisten. Das Testament bestimmte nicht nur, daß im Falle des Ablebens von Henry Jekyll, M. D., D. C. L., LL. D., F. R. S., etc. alle seine Besitztümer in die Hände seines „Freundes und Wohltäters Edward Hyde" übergehen sollten, sondern auch, daß im Fall von Dr. Jekylls „Verschwinden oder unerklärter Abwesenheit für einen Zeitraum, der drei Kalendermonate überschritte", besagter Edward Hyde sofort ohne jeden weiteren Aufschub in besagten Dr. Henry Jekylls Schuhe treten sollte, und zwar frei von jeder Last oder Verpflichtung, abgesehen von der Auszahlung einiger kleiner Beträge an die Angehörigen von des Doktors Haushalt.

Dieses Dokument war lange Zeit dem Rechtsanwalt ein Dorn im Auge gewesen. Es ärgerte ihn sowohl als Rechtskundigen wie als einen Freund vernünftiger und herkömmlicher Lebensgewohnheiten, dem Phantastik gleichbedeutend war mit Unbescheidenheit. Und bis jetzt hatte der Umstand, daß dieser Hyde ihm unbekannt war, seinen Unwillen vermehrt; nun aber war es im Gegenteil gerade der Umstand, daß er ihn kannte. Es war bereits schlimm genug, als der Name nur ein Name war, der einem weiter nichts sagen konnte. Schlimmer aber wurde es, als dieser Name mit abscheulichen Attributen ausstaffiert zu werden begann, und als aus den wogenden, ungreifbaren Nebeln, die ihm solange das Auge getrübt hatten, plötzlich das bestimmte Gefühl heraussprang, es mit einem Teufel zu tun zu haben.

„Ich dachte, es sei Wahnsinn", sagte er, indem er das unangenehme Dokument in den Geldschrank zurücklegte; „jetzt aber beginne ich zu fürchten, es ist Schande".

Hierauf blies er seine Kerze aus, zog einen dicken Mantel an und machte sich auf nach Cavendish Square, der Hochburg der Arzneikunst, wo sein Freund, der große Dr. Lanyon, sein Haus hatte und den Andrang seiner Patienten empfing.

Wenn irgendein Mensch was weiß, wird Lanyon es sein, hatte Utterson gedacht.

Der feierliche Kammerdiener kannte und begrüßte ihn; er brauchte nicht einen Augenblick zu warten, sondern wurde gleich von der Haustür in das Eßzimmer geführt, wo Dr. Lanyon allein bei seinem Wein saß. Er war ein herzhafter, gesunder, munterer alter Herr mit rotem Gesicht, mit einem Schopf von Haaren, die vor der Zeit weiß geworden waren, und einem entschiedenen, etwas lauten Auftreten. Bei Uttersons Anblick sprang er von seinem Stuhl auf und begrüßte ihn mit ausgestreckten Händen. Die Herzlichkeit war etwas theatralisch anzusehen, wie der Doktor sich benahm; aber sie entsprang aufrichtigem Gefühl. Denn die beiden waren alte Freunde, alte Schul- und Universitätskameraden; beide hatten Achtung vor sich selber und voreinander, und sie waren, was aus dem Vorherigen nicht ohne weiteres folgt, Männer, die an ihrer Gesellschaft gegenseitig eine wahre Freude hatten. Nach einem kurzen Geplauder über dies und das kam der Anwalt auf den Gegenstand, der ihn in so unangenehmer Weise beschäftigte.

„Ich vermute, Lanyon", sagte er, „du und ich müssen wohl die beiden ältesten Freunde von Henry Jekyll sein?"

„Ich wollte, die Freunde wären jünger", kicherte Dr. Lanyon. „Aber ich glaube, wir sind es. Und wozu fragst du? Ich sehe ihn jetzt nur noch selten".

„So?" sagte Utterson, „ich dachte, euch verbänden gemeinsame Interessen".

„Das war einmal. Aber seit mehr als zehn Jahren ist Henry Jekyll für mich zu phantasievoll geworden. Er begann auf Abwege zu kommen, auf geistige Abwege, meine ich; und obgleich ich natürlich immer noch an seinem Wirken Anteil nehme, um der alten Freundschaft willen, so sehe ich und sah ich schon seit langer Zeit höllisch wenig von dem Mann. So ein unwissenschaftlicher Quatsch", rief der Doktor, indem er plötzlich purpurrot wurde, „würde Damon und Pythias auseinandergebracht haben".

Dieser kleine Gefühlsausbruch war für Utterson eine Art von Erleichterung.

Sie sind nur wegen irgendeiner wissenschaftlichen Frage in Streit geraten, dachte er bei sich selber; und da er ein Mann war, dem wissenschaftliche Leidenschaften ganz fremd waren – abgesehen in Fragen, die notarielle Dinge betrafen – so fügte er sogar hinzu: Wenn es nichts Schlimmeres ist!

Er gönnte seinem Freunde ein paar Sekunden, um sich wieder zu sammeln, und kam dann auf die Frage, die ihn eigentlich hergeführt hatte:

„Kamst du jemals mit einem Schützling von ihm zusammen – einem gewissen Hyde?"

„Hyde?" wiederholte Lanyon. „Nein. Nie von ihm gehört. Muß nach meiner Zeit gewesen sein".

Das war die ganze Auskunft, die der Anwalt mit sich nach Hause nahm und mit der er sich in das große, dunkle Bett legte, in welchem er sich hin und her warf, bis die kleinen Morgenstunden groß zu werden begannen. Es war eine Nacht, die seinem geschäftigen Geist wenig Erquickung brachte, da er völlig im Dunkeln arbeitete und sich von Fragen bestürmt sah.

Sechs Uhr schlug es auf dem Kirchturm, der so angenehm nahe bei Uttersons Haus stand, und immer noch bohrte er an dem Problem herum. Bisher hatte es nur seinen Verstand beschäftigt; jetzt aber war auch seine Einbildungskraft in Anspruch genommen, oder besser gesagt: gefesselt; und wie er so lag und sich in der dichten schwarzen Finsternis der Nacht in seinem durch Vorhänge gegen jedes Licht geschützten Zimmer hin und her warf, zog Enfields Erzählung wie eine Rolle von hellerleuchteten Bildern an seinem Geist vorüber. Er sah vor sich die endlosen Laternenreihen einer nächtlichen Stadt; dann die Gestalt eines schnell gehenden Mannes; dann ein Kind, das vom Hause des Doktors nach der elterlichen Wohnung lief; dann stießen diese zusammen, und der menschliche Juggernaut trat das Kind zu Boden und ging weiter, ohne sich um das Geschrei zu bekümmern. Dann wieder sah er ein Zimmer in einem reichen Hause, worin sein Freund schlafend lag und träumte und über seine Träume lächelte; und dann öffnete sich die Tür dieses Zimmers, die Bettvorhänge wurden zur Seite gerissen, der Schläfer angerufen, und da, siehe! an seiner Seite stand eine Gestalt, der Macht über ihn gegeben war, und augenblicklich, in dieser Todesstunde, mußte er aufstehen und sein Geheiß erfüllen. Die Gestalt in diesen beiden Erscheinungsformen verfolgte den Anwalt die ganze Nacht; und wenn er einmal einschlummerte, so geschah es nur, um sie noch verstohlener durch schlafende Häuser gleiten zu sehen oder sie schneller und immer noch schneller, bis zu schwindelerregender Schnelligkeit durch noch größere Labyrinthe von Gaslaternen beleuchteter Großstadtstraßen sich bewegen zu sehen: an jeder Straßenecke ein Kind zu zertrampeln und es schreiend am Boden liegen zu lassen. Und doch hatte die Gestalt kein Gesicht, woran er sie hätte erkennen können; sogar in seinen Träumen hatte sie kein Gesicht, oder doch nur eins, das ihn verhöhnte und vor seinen Augen zerfloß. Und so geschah es, daß in des Anwalts Sinn eine eigentümlich starke, beinahe zügellose Neugier erwuchs, die Gesichtszüge des wirklichen Hyde zu erblicken. Er dachte: wenn er nur ein einziges Mal ihn zu Gesicht bekommen könnte, dann würde das Geheimnis sich aufhellen und vielleicht überhaupt verschwinden, wie es mit geheimnisvollen Dingen zu geschehen pflegt, wenn sie sorgfältig geprüft werden. Vielleicht würde er einen Grund entdecken, weshalb sein Freund diese sonderbare Vorliebe für den Menschen hätte oder unter dessen Bann stände – was von beidem es denn eben sein mochte – und vielleicht entdeckte er sogar einen Grund für die überraschenden Bestimmungen des Letzten Willens. Zum mindesten würde es ein Gesicht sein, das zu sehen der Mühe wert wäre: das Gesicht eines Menschen, der keinen Funken von Barmherzigkeit in sich hatte; ein Gesicht, das sich nur zu zeigen brauchte, um in dem Gemüt eines sonst keines Eindrucks fähigen Menschen wie Enfield ein Gefühl dauernden Hasses zu erregen.

Von dieser Zeit an begann Utterson die Tür in der Nebenstraße zu beobachten. Morgens vor seinen Kanzleistunden – mittags, obgleich die Geschäfte drängten und die Zeit knapp war – nachts unter dem Antlitz des nebelumhüllten Londoner Mondes – bei allen Beleuchtungen und in allen Stunden von Einsamkeit oder Menschengedränge war der Anwalt auf dem von ihm erwählten Posten zu finden.

Wenn er Mister Hyde ist, hatte er gedacht, werde ich Mister Seek sein[*].

Und schließlich wurde seine Geduld belohnt. Es war eine schöne trockene Nacht; Frost in der Luft; die Straßen so sauber wie eine Ballsaaldiele; die Laternen, die von keinem Wind bewegt wurden, woben auf der Erde ein regelmäßiges Muster aus Licht und Schatten. Nach zehn Uhr, nach Schluß der Kaufläden, war die Nebenstraße sehr einsam und sehr still, obgleich ringsherum der Londoner Lärm grollte. Leise Töne waren auf weite Entfernung zu hören; Geräusche im Inneren der Häuser waren auf beiden Seiten der Straße deutlich vernehmbar; wenn ein Fußgänger kam, hörte man schon lange vorher seine Schritte. Utterson war einige Minuten auf seinem Posten, als er bemerkte, daß ein eigentümlicher,

---

[*] Hyde (hide) bedeutet im Englischen: sich verstecken; seek: suchen.

leichter Schritt sich näherte. Im Laufe seiner nächtlichen Patrouillengänge hatte er sich längst an die eigentümliche Wirkung gewöhnt, welche die Schritte eines einzelnen Menschen machen, die noch weit entfernt sind, aber plötzlich ganz deutlich unterscheidbar aus dem ungeheuren Lärm und Tosen der Riesenstadt sich ablösen. Aber nie zuvor war seine Aufmerksamkeit so scharf und entschieden gefesselt worden; und mit einer starken, abergläubischen Vorahnung von Erfolg zog er sich in die Nische der Hoftüre zurück.

Die Schritte kamen schnell näher und wurden plötzlich lauter, als sie um die Straßenecke bogen. Der Anwalt spähte aus seiner Türnische heraus und konnte bald sehen, mit was für einer Art von Mann er zu tun hatte. Er war klein und sehr einfach angezogen; sein Anblick erregte selbst auf die weite Entfernung in dem Beobachtenden ein starkes Unbehagen.

Der Mann ging gerade auf die Tür zu, quer über den Fahrdamm, um Zeit zu sparen; und während der letzten Schritte zog er einen Schlüssel aus der Tasche, wie es einer tut, der nach Hause kommt.

Utterson trat vor, klopfte ihm auf die Schulter, als er an ihm vorüberkam, und sagte:

„Herr Hyde, denke ich!"

Hyde fuhr zurück, indem er mit einem zischenden Laut den Atem einzog. Aber seine Furcht war nur augenblicklich; obgleich er dem Anwalt nicht ins Gesicht sah, antwortete er kühl genug:

„Das ist mein Name – was wünschen Sie?"

„Ich sehe, Sie gehen hier hinein," erwiderte der Anwalt. „Ich bin ein alter Freund von Dr. Jekyll – Utterson in der Gaunt Street, Sie müssen meinen Namen gehört haben – und da ich Sie so gelegen traf, so dachte ich, Sie könnten mich einlassen".

„Sie werden Dr. Jekyll nicht zu Hause finden; er ist ausgegangen," antwortete Hyde und blies in den Schlüssel hinein. Und dann fragte er plötzlich, aber ohne dabei aufzublicken:

„Woher kannten Sie mich?"

„Wollen Sie Ihrerseits", sagte Utterson, „mir einen Gefallen erweisen?"

„Mit Vergnügen; was wünschen Sie?"

„Wollen Sie mich Ihr Gesicht sehen lassen?" fragte der Anwalt.

Hyde schien zu zögern; dann aber, wie wenn er sich's plötzlich überlegt hätte, drehte er mit einem trotzigen Ausdruck auf dem Gesicht sich um, und die beiden starrten einander ein paar Sekunden lang fest an.

„Jetzt werde ich Sie wiedererkennen", sagte Utterson. „Das wird vielleicht von Nutzen sein".

„Ja," antwortete Hyde, „es ist ganz gut, daß wir uns getroffen haben; und a propos – Sie sollten meine Adresse haben".

Und er nannte eine Hausnummer in einer Straße in Soho.

Guter Gott! dachte Utterson; kann auch er an das Testament gedacht haben?

Aber er behielt seine Gefühle für sich und brummte nur etwas, als der andere die Adresse nannte.

„Und nun", sagte dieser, „woher kannten Sie mich?"

„Nach einer Beschreibung".

„Von wem?"

„Wir haben gemeinsame Freunde".

„Gemeinsame Freunde?" echote Hyde etwas heiser. „Wer sind die?"

„Jekyll zum Beispiel", sagte der Anwalt.

„Der hat Ihnen niemals beschrieben, wie ich aussehe", rief Hyde und wurde vor Ärger rot. „Ich dachte nicht, daß Sie lügen würden".

„Oho!" rief Utterson; „das sind unziemliche Ausdrücke".

Der Andere brach in ein lautes höhnisches Lachen aus, hatte im nächsten Augenblick mit außerordentlicher Geschwindigkeit die Tür aufgeschlossen und war im Hause verschwunden.

Der Anwalt stand noch eine Weile, nachdem Hyde ihn verlassen hatte, auf derselben Stelle – ein Bild der Unruhe. Dann begann er langsam die Straße hinauf zu gehen, wobei er alle paar Schritte stehenblieb und sich an die Stirn griff, wie ein Mensch, der vollkommen ratlos ist. Das Problem, mit dem er sich im Gehen beschäftigte, gehörte zu jenen, die selten gelöst werden: Hyde war blaß und wie ein Zwerg gewachsen; er machte den Eindruck eines Krüppels, obgleich man eine bestimmte Mißbildung nicht hätte namhaft machen können; er hatte ein widerwärtiges Lächeln; er hatte sich dem Anwalt gegenüber mit einer Art mörderischer Mischung von Zaghaftigkeit und Frechheit benommen, und er sprach mit heiserer, flüsternder, etwas gebrochener Stimme. Dies alles waren Eigenschaften, die gegen ihn sprachen; aber selbst alle diese Eigenschaften zusammen konnten das ihm bis dahin unbekannte Gefühl von Ekel, Abscheu und Furcht nicht erklären, womit Utterson ihn betrachtete.

„Es muß noch etwas anderes da sein", sagte der alte Herr in seiner Ratlosigkeit. „Ja, es ist noch etwas anderes da – wenn ich nur einen Namen dafür finden könnte! Gott behüte mich: der Mann sieht kaum wie ein Mensch aus. Er hat etwas, wie soll ich sagen, Troglodytisches – oder kann es die alte Geschichte von Dr. Fell sein? Oder ist es die bloße Ausstrahlung einer verfaulten Seele, die durch ihre irdische Hülle hindurchdringt und sie entstellt? Das letzte wird es wohl sein – denn ach, mein armer alter Herr Jekyll – wenn ich jemals des Satans Stempel auf einem Gesicht gesehen habe, so ist es auf dem deines neuen Freundes".

Gleich um die Ecke von der schmalen Straße aus lag ein Platz, der von alten hübschen Häusern eingefaßt war, die aber jetzt meistens von ihrer Vornehmheit herabgesunken waren und in einzelnen

Stockwerken und Zimmern an Leute aller möglichen Stände vermietet wurden: Landkartenstecher, Baumeister, zweifelhafte Rechtsanwälte und Agenten dunkler Unternehmungen. Eines von diesen Häusern indessen, und zwar das zweite von der Ecke, wurde immer noch nur vom Besitzer allein bewohnt; und vor der Tür dieses Hauses, das unverkennbar nach Reichtum und Behaglichkeit aussah, obgleich es jetzt, abgesehen von dem Halbbogenfenster über der Haustür, in tiefem Dunkel lag – vor diesem Hause blieb Utterson stehen und klopfte. Ein gut gekleideter, älterer Diener öffnete die Tür.

„Ist Dr. Jekyll zu Hause, Poole?" fragte der Anwalt.

„Ich will nachsehen, Herr Utterson", sagte Poole, indem er während des Sprechens den Besucher in eine große, behagliche Halle mit niedriger Decke und mit Fliesenfußboden führte, die (wie in einem Landhause) von einem hellen, offenen Kaminfeuer erwärmt und mit kostbaren Eichenschränken ausgestattet war.

„Wollen Sie hier am Feuer warten, Herr? Oder soll ich Ihnen im Eßzimmer Licht machen?"

„Nein, hier, danke", sagte der Anwalt, und er trat näher an das Feuer und lehnte sich an das hohe Kamingitter. Diese Halle, in der er jetzt allein war, war der Lieblingsraum seines Freundes, des Doktors, und Utterson selbst pflegte ihn als das behaglichste Zimmer in ganz London zu preisen. Aber in dieser Nacht war ein Schauder in seinem Blut; Hydes Gesicht lastete schwer auf seinem Gedächtnis; er fühlte – was ihm selten geschah – einen Ekel und Abscheu vor dem Leben; und in seiner trüben Stimmung war es ihm, wie wenn er in dem flackernden Feuerschein an den blanken Schränken und in dem unruhigen Spiel des Schattens auf der Zimmerdecke eine Drohung läse. Er schämte sich selbst darüber, daß er sich erleichtert fühlte, als Poole bald zurückkam und ihm meldete, Dr. Jekyll sei ausgegangen.

"Ich sah Herrn Hyde in die Tür zum alten Anatomiesaal hineingehen, Poole", sagte er. "Ist das in Ordnung, wenn Dr. Jekyll nicht zu Hause ist?"

"Vollkommen in Ordnung, Herr Utterson", antwortete der Diener. "Herr Hyde hat einen Schlüssel".

"Ihr Herr scheint ein recht großes Vertrauen in diesen jungen Mann zu setzen, Poole", sagte der Anwalt nachdenklich.

"Jawohl, Herr, das tut er auch; wir sind alle angewiesen, ihm zu gehorchen".

"Ich glaube nicht, daß ich Herrn Hyde jemals hier getroffen habe?" fragte Utterson weiter.

"Oh! Gewiß nicht, Herr! Er speist niemals hier", antwortete der Bediente. "Wir sehen tatsächlich sehr wenig von ihm auf dieser Seite des Hauses; meistens kommt und geht er durch das Laboratorium".

"Na, gute Nacht, Poole".

"Gute Nacht, Herr Utterson".

Und der Anwalt ging heimwärts, mit einem sehr schweren Herzen.

Armer Henry Jekyll! dachte er; mich müßte alles täuschen, wenn er nicht in gefährlichem Fahrwasser wäre! In seiner Jugend war er wild; das ist freilich lange her; aber in Gottes Gesetz gibt es keine Vorschriften für zeitliche Beschränkungen. Ja, das muß es sein: das Gespenst irgendeiner alten Sünde, der fressende Krebs irgendeiner verheimlichten Schande – und jetzt kommt die Strafe, pede claudo, nach Jahren – nachdem das Gedächtnis den Fehltritt schon vergessen, die Eigenliebe ihn verziehen hatte.

Und der Anwalt, von diesen Gedanken erschreckt, brütete eine Weile über seine eigene Vergangenheit, in allen Winkeln seines Gedächtnisses herumtastend, ob nicht durch Zufall irgendein Kastenmännchen von einer alten Verfehlung ans Licht springen würde. Seine Vergangenheit war ziemlich tadellos; wenig Menschen konnten furchtloser das Buch ihres Lebens lesen; und trotzdem fühlte er sich als Sünder in den Staub gedrückt von den vielen bösen Dingen, die er getan hatte, und fühlte sich dann wieder zu einer nüchternen und furchtsamen Dankbarkeit erhoben durch die Überlegung, wie viele üble Dinge er beinahe getan, aber doch vermieden hätte. Und dann kam er wieder auf den früheren Gegenstand seines Nachdenkens, und da bemerkte er einen Funken von Hoffnung.

Wenn man diesem Mister Hyde genau nachforschte! dachte er; er muß selber Geheimnisse haben; schwarze Geheimnisse, nach seinem Aussehen zu urteilen; Geheimnisse, im Vergleich mit denen die schlimmsten Geheimnisse des armen Jekyll wie Sonnenstrahlen leuchten würden. So, wie es ist, kann es nicht weitergehen; es überläuft mich kalt, wenn ich daran denke, daß dies Geschöpf sich wie ein Dieb an Henrys Bett schleicht; armer Henry, welch ein Erwachen! Und dann die Gefahr! Denn wenn dieser Hyde das Vorhandensein des Testamentes ahnt, wird er vielleicht ungeduldig, die Erbschaft anzutreten. Jawohl, ich muß meine Schulter an das Rad stemmen – wenn Jekyll es nur zuläßt, daß ich es tue – wenn Jekyll es nur zuläßt!"

Wieder sah er vor seinem geistigen Auge, klar und deutlich wie ein Transparentbild, die seltsamen Bestimmungen in Jekylls letztem Willen.

Dr. Jekylls Gemütsruhe

Es traf sich ausgezeichnet, daß vierzehn Tage später der Doktor eine von seinen angenehmen kleinen Tischgesellschaften gab: fünf oder sechs alte Kumpane waren eingeladen, lauter kluge, angesehene Männer, die einen guten Wein zu schätzen wußten. Utterson wußte es so einzurichten, daß er noch dablieb, als die anderen gingen. Dies war nichts besonders Neues, sondern war schon Dutzende von Malen vorgekommen. Wo Utterson gefiel, gefiel er wirklich. Gastgeber behielten gern den trockenen Rechtsgelehrten noch bei sich, wenn die Lustigen und Zungenfertigen schon ihre Füße über die Schwelle gesetzt hatten; sie saßen gern eine Weile in seiner unaufdringlichen Gesellschaft – eine Art Vorübung zur Einsamkeit – und ernüchterten ihren Sinn durch dieses Mannes reiches Schweigen nach der Vergeudung und Anspannung von Fröhlichkeit. Von dieser Regel bildete Dr. Jekyll keine Ausnahme; und als er nun seinen Freund am Kamin gegenüber sah – ein großer, gut gewachsener Fünfziger mit einem glatten Gesicht, worin vielleicht ein Zug von Schlauheit lag, dem aber der Stempel der Tüchtigkeit und Freundlichkeit deutlich aufgedrückt war –, da konnte man wohl an seinen Blicken sehen, daß er für Utterson eine aufrichtige und warme Zuneigung empfand.

„Ich hatte den Wunsch, mit dir zu sprechen, Jekyll", begann der andere. „Weißt du – über dein Testament".

Ein scharfer Beobachter hätte bemerken können, daß dieser Gesprächsgegenstand unerwünscht war; aber der Doktor sagte mit anscheinender Leichtigkeit, äußerlich ganz heiter:

„Armer Utterson, du hast Unglück, daß du so einen Klienten hast! Ich sah niemals einen Menschen so verstört wie dich, als du meinen Letzten Willen beglaubigen mußtest – es sei denn dieser in Pergament eingebundene Pedant Lanyon in seinem Entsetzen über meine wissenschaftlichen Hexereien, wie er es nannte. Oh! Ich weiß, er ist ein guter Kerl – du brauchst nicht die Stirn zu runzeln –, ein ausgezeichneter Bursch, und ich habe schon lange die Absicht, wieder öfter mit ihm zu verkehren; aber ein in Eselshaut eingebundener Pedant ist er bei alledem – ein unwissender, Lärm machender Pedant! Ich bin niemals von einem Menschen so enttäuscht gewesen, wie von Lanyon".

„Du weißt, ich habe es niemals gebilligt", fuhr Utterson unbarmherzig in seinem Gedankengang fort, ohne sich um das neue Thema zu bekümmern.

„Mein Testament? Ja, gewiß, das weiß ich," sagte der Doktor, ein kleines bißchen scharf. „Das hast du mir ja gesagt".

„Nun, ich sage es dir heute noch einmal", sagte der Anwalt. „Ich habe etwas über den jungen Hyde erfahren".

Das breite, schöne Gesicht Dr. Jekylls wurde bleich bis in die Lippen, und in seine Augen kam etwas Finsteres.

„Ich möchte hierüber nichts mehr hören", sagte er; „ich dächte, wir hätten abgemacht, daß wir über diese Sache nicht mehr sprechen wollen".

„Was ich hörte, war scheußlich", sagte Utterson.

„Ich kann meinen Letzten Willen nicht ändern. Du verstehst meine Lage nicht", erwiderte der Doktor, offenbar etwas verlegen. „Ich bin in einer peinlichen Lage, Utterson; meine Stellung in dieser Sache ist seltsam – sehr seltsam. Es ist eine von jenen Geschichten, die sich durch Reden nicht besser machen lassen".

„Jekyll – du kennst mich: ich bin ein Mann, auf den man sich verlassen kann. Vertraue mir, schütte mir dein Herz aus, und ich bezweifle nicht, daß ich dir aus dieser Lage heraushelfen kann".

„Mein guter Utterson", sagte der Doktor, „es ist sehr lieb von dir, es ist ungeheuer lieb von dir, und ich finde keine Worte, dir meinen Dank dafür auszusprechen. Ich glaube dir vollkommen; ich würde dir mehr als irgendeinem anderen lebenden Menschen, ja sogar mehr als mir selber vertrauen, wenn ich die Wahl hätte. Aber es ist wirklich nicht das, was du dir in deiner Phantasie ausmalst; es ist nicht so schlimm, und nur um dein gutes Herz zu beruhigen, will ich dir eins sagen: ich kann mir Herrn Hyde in jedem Augenblick vom Halse schaffen, sobald ich will! Hierauf gebe ich dir meine Hand und danke dir nochmals dafür, daß du so gut bist. Und nun noch ein Wörtchen, Utterson, das du mir sicherlich nicht übelnehmen wirst: es ist meine private Angelegenheit, und ich bitte dich, sie ruhen zu lassen".

Utterson sah in das Kaminfeuer und dachte einen Augenblick nach. Dann sagte er:

„Ich bezweifle nicht, daß du vollkommen recht hast". Und er stand auf.

„Schön – aber da wir einmal auf diese Geschichte gekommen sind, und hoffentlich zum letzten Male", sagte der Doktor noch, „so wäre es mir lieb, wenn du folgendes begriffest: Ich interessiere mich wirklich sehr für den armen Hyde. Ich weiß, daß du ihn gesehen hast; er sagte mir das; und ich fürchte, er war unhöflich gegen dich. Aber ich nehme aufrichtig großen, sehr großen Anteil an dem jungen Mann; und wenn ich aus dieser Welt hinweggenommen werde, Utterson, so bitte ich dich herzlich, dich seiner anzunehmen, damit er zu seinen Rechten kommt. Ich bin überzeugt, du würdest das tun, wenn du alles wüßtest; und es würde mir eine Last von der Seele nehmen, wenn du mir dies versprechen wolltest".

„Ich kann nicht behaupten, daß er mir jemals gefallen wird", sagte der andere.

„Das verlange ich auch nicht", sagte Jekyll in bittendem Ton und legte dabei seine Hand auf des anderen Arm; „ich verlange nur Gerechtigkeit; ich bitte dich nur, ihm um meinetwillen zu helfen, wenn ich nicht länger hier bin".

Utterson stieß einen Seufzer aus, den er nicht unterdrücken konnte, und sagte:

„Nun, ich verspreche es dir":

Der Mord

Fast ein Jahr später, im Oktober des Jahres 18.., wurde London durch ein Verbrechen von außergewöhnlicher Grausamkeit in Aufregung versetzt, die durch die hohe gesellschaftliche Stellung des Opfers noch vermehrt wurde. Die Einzelheiten waren fürchterlich. Ein Dienstmädchen, das sich in einem Hause nicht weit von der Themse allein befand, war ungefähr um elf Uhr in ihr Schlafzimmer hinaufgegangen. Obwohl einige Stunden später die City in dichten Nebel gehüllt war, war der Himmel in dieser frühen Nachtzeit wolkenlos, und die schmale Gasse, auf die das Fenster des Dienstmädchenzimmers hinausging, war vom Vollmond hell erleuchtet. Sie war, wie es schien, romantisch veranlagt, denn sie setzte sich auf ihren Koffer, der unmittelbar unter dem Fenster stand, und versank in eine Träumerei. Nie – so sagte sie jedesmal unter strömenden Tränen, wenn sie ihre Erlebnisse erzählte – hatte sie sich so in Frieden mit allen Menschen gefühlt und freundlicher von der Welt gedacht. Und wie sie so saß, bemerkte sie einen schönen alten Herrn mit weißen Haaren, der sich in der Gasse näherte, und ihm entgegengehend einen anderen, sehr kleinen Herrn, auf den sie weniger achtete. Als die beiden Herren in Sprechnähe kamen – was gerade unmittelbar unter dem Fenster des Mädchens geschah –, machte der Ältere eine Verbeugung und sprach den anderen auf sehr liebenswürdige und höfliche Weise an. Es schien sich dabei um nichts besonders Wichtiges zu handeln; aus seinen Handbewegungen ging anscheinend hervor, daß er sich nur nach dem Weg erkundigte; aber der Mond beschien sein Gesicht, als er sprach, und das Mädchen hatte ihre Freude daran, dieses Gesicht zu beobachten: es strahlte eine so unschuldige, etwas altfränkische Herzensgüte davon aus, zugleich aber auch lag etwas gewissermaßen Erhabenes darauf, wie ein Ausdruck von wohlbegründeter Selbstzufriedenheit. Plötzlich fiel ihr Blick auf den anderen, und sie erkannte in ihm zu ihrer Überraschung einen gewissen Herrn Hyde, der ihren Herrn einmal besucht und gegen den sie sofort eine

Abneigung empfunden hatte. Er hielt in seiner Hand einen schweren Stock, mit welchem er Lufthiebe schlug; aber er antwortete kein einziges Wort und schien mit schlecht verhehlter Ungeduld den alten Herrn anzuhören. Und dann bekam er ganz plötzlich einen furchtbaren Wutanfall, stampfte mit dem Fuß auf, schwang seinen Stock und stürzte – so beschrieb das Mädchen es – wie ein Wahnsinniger vorwärts. Der alte Herr trat mit einem Ausdruck höchster Überraschung, und gleichzeitig offenbar etwas beleidigt, einen Schritt zurück; da verlor dieser Herr Hyde auf einmal alle Selbstbeherrschung und schlug ihn zu Boden. Und im nächsten Augenblick trat er mit einer affenähnlichen Wut sein Opfer unter die Füße und ließ einen Sturm von Hieben auf ihn herniederhageln, unter denen der Schädel hörbar zerschmettert wurde und der Körper auf dem Straßenpflaster emporsprang. Bei diesem gräßlichen Anblick und bei diesen furchtbaren Tönen fiel das Mädchen in Ohnmacht.

Es war zwei Uhr, als sie wieder zu sich kam und nach der Polizei lief. Der Mörder war längst verschwunden; aber sein Opfer lag mitten in der kleinen Gasse, auf eine unglaubliche Weise verstümmelt. Der Stock, mit dem die Untat vollbracht war, war von der Gewalt der in sinnloser Wut geführten Hiebe mitten entzweigebrochen, obgleich er von sehr zähem und schwerem Holz war; und die eine zersplitterte Hälfte war in den nahen Rinnstein gerollt – die andere hatte der Mörder ohne Zweifel mitgenommen. Eine Geldbörse und eine goldene Uhr wurden in den Kleidern des Erschlagenen gefunden, aber keine Karten oder Papiere, außer einem versiegelten und mit der Marke beklebten Brief, den er wahrscheinlich nach der Post hatte bringen wollen, und der den Namen und die Wohnung des Herrn Utterson aufwies.

Dieser Brief wurde dem Anwalt am nächsten Morgen gebracht, bevor er aufgestanden war; und kaum hatte er ihn gesehen und die näheren Umstände vernommen, so schob er mit sehr ernster Miene die Oberlippe vor und sagte:

„Ich will nichts sagen, bevor ich die Leiche gesehen habe; es ist vielleicht eine sehr ernste Sache. Haben Sie die Güte zu warten, während ich mich anziehe".

Mit demselben ernsten Gesicht frühstückte er hastig und fuhr dann nach der Polizeiwache, wohin die Leiche gebracht worden war. Sobald er die Zelle betrat, nickte er und sagte:

„Ja, ich erkenne ihn. Ich muß mit großem Bedauern sagen, es ist Sir Danvers Carew".

„Gütiger Gott, Herr Utterson!" rief der Beamte, „ist es möglich?" Und im nächsten Augenblick funkelte Berufseifer aus seinen Blicken, und er sagte:

„Das wird einen großen Lärm machen! Und vielleicht können Sie uns helfen, den Mann zu fassen".

Dann erzählte er in aller Kürze, was das Mädchen gesehen hatte, und zeigte den zerbrochenen Stock.

Utterson hatte bereits einen Seufzer ausgestoßen, als er den Namen Hyde hörte; als ihm aber der Stock vorgelegt wurde, konnte er nicht länger zweifeln: obwohl er zerbrochen und zersplittert war, erkannte er in ihm sofort einen Stock, den er selber vor vielen Jahren seinem Freunde Henry Jekyll geschenkt hatte.

„Ist dieser Herr Hyde ein Mann von kleinem Wuchs?" fragte er.

„Auffallend klein und mit einem auffallend gemeinen Gesichtsausdruck; so beschreibt ihn das Mädchen", sagte der Beamte.

Utterson dachte einen Augenblick nach; dann hob er den Kopf und sagte:

„Wenn Sie mich in meinem Wagen begleiten wollen, so kann ich Sie, glaube ich, nach seiner Wohnung bringen".

Es war inzwischen ungefähr neun Uhr morgens geworden, und auf den Straßen lag der erste Londoner Herbstnebel. Eine dichte schokoladenbraune Dunstmasse hing vom Himmel herab, aber der

Wind machte fortwährend Angriffe auf die wogenden Massen, so daß Utterson, während der Wagen langsam von Straße zu Straße fuhr, eine wunderbare Menge aller möglichen Abstufungen von Zwielicht beobachten konnte: an der einen Stelle war es dunkel wie am späten Abend; dann wieder leuchtete ein feuriges Braun, wie wenn eine seltsame Feuersbrunst loderte; dann wieder war für einen kurzen Augenblick der Nebel ganz verjagt, und ein blasses Tageslicht brach durch die wirbelnden Dunstmassen hindurch. Die elenden, schmutzigen Straßen von Soho mit ihren kotigen Fahrdämmen, ihren schlumpigen Passanten, ihren Laternen, die gar nicht ausgelöscht oder am Morgen wieder angezündet worden waren, um diesen plötzlichen Überfall trauriger Finsternis zu bekämpfen, erschienen in dieser wechselnden Beleuchtung den Augen des Anwalts wie ein Stadtviertel, wie man es wohl in einem schweren Traum sieht, wenn einen der Alb drückt. Auch seine Gedanken waren von düsterster Farbe; und wenn er einen Blick auf seinen Fahrtgenossen warf, empfand er etwas von jenem Grausen vor dem Gesetz und vor den Vollziehern des Gesetzes, das zuweilen auch wohl den ehrenwertesten Menschen überkommen mag.

Als der Wagen vor dem dem Kutscher bezeichneten Hause anhielt, verzog der Nebel sich ein bißchen und zeigte ihm eine schmutzige Straße, einen Schnapspalast, eine billige französische Speisewirtschaft, einen Laden, worin Penny-Zeitschriften und Zwei-Penny-Salate verkauft wurden, viele zerlumpte Kinder, die sich in den Torwegen balgten, und viele Weiber von allen möglichen Nationalitäten, die mit dem Schlüssel in der Hand ausgingen, um einen Morgenschnaps zu trinken; und im nächsten Augenblick senkte der Nebel sich wieder bernsteinbraun auf diese Gegend herab und verhüllte ihm die gemeine Umgebung. Hier war das Heim von Henry Jekylls Liebling – einem Mann, der eine viertel Million Pfund Sterling erben sollte!

Eine alte Frau mit elfenbeingelbem Gesicht und silberweißem Haar öffnete die Tür. Ihr Antlitz trug einen Ausdruck von Verworfenheit, der durch Heuchelei gemildert war; aber ihre Manieren waren ausgezeichnet.

Ja, sagte sie, Herr Hyde wohne hier, sei aber nicht zu Hause; er sei diese Nacht sehr spät nach Hause gekommen, aber schon nach einer knappen Stunde wieder fortgegangen; dies sei indessen durchaus nicht auffallend, denn er habe sehr unregelmäßige Gewohnheiten und komme oft gar nicht nach Hause; so sei es zum Beispiel gestern fast zwei Monate her gewesen, seitdem sie ihn zum letztenmal gesehen habe.

„Nun schön – wir wünschen seine Wohnung zu sehen!" sagte der Anwalt; und als die Frau zu erklären begann, dies sei unmöglich, fuhr er fort:

„Ich sage Ihnen am besten gleich, wer der Herr hier ist: es ist Inspektor Newcomen von Scotland Yard".

Ein widerlicher Freudenstrahl erschien auf dem Gesicht der Frau.

„Ah!" rief sie; „er ist im Druck! Was hat er getan?"

Utterson und der Inspektor tauschten einen Blick aus.

„Der Herr scheint nicht sehr beliebt zu sein", bemerkte der letztere. „Und nun, meine gute Frau, lassen Sie mal mich und diesen Herrn uns die Wohnung hier ansehen".

Von den sämtlichen Zimmern des Hauses, das, abgesehen von der alten Frau, völlig unbewohnt war, hatte Hyde nur zwei benutzt; aber diese beiden Zimmer waren mit Luxus und gutem Geschmack eingerichtet.

Ein Wandschrank war mit Weinen gefüllt; das Eßgeschirr war von Silber, die Tischwäsche elegant. An der einen Wand hing ein gutes Gemälde, ein Geschenk – wie Utterson vermutete – von Henry Jekyll, der ein ausgezeichneter Kunstkenner war. Die Teppiche waren dick und gefielen durch angenehme Farbenzusammenstellungen.

In diesem Augenblick boten allerdings die beiden Zimmer alle Anzeichen, daß sie kurz vorher in großer Hast durchstöbert worden waren; auf dem Boden lagen Kleider herum, deren Taschen herausgezogen waren; verschließbare Schubfächer standen offen; und im Kamin lag ein Haufen grauer Asche, wie wenn viele Papiere verbrannt worden wären.

Aus dieser Asche zog der Inspektor, nachdem er drin herumgestochert hatte, die Rückenseite eines grünen Scheckbuchs hervor, die der Einwirkung des Feuers widerstanden hatte.

Hinter der Tür wurde die andere Hälfte des Spazierstocks gefunden; und da dieser Fund seinen Verdacht bestätigte, war der Beamte ganz entzückt und sprach das mit vielen Worten aus.

Ein Besuch auf der Bank, wo mehrere tausend Pfund als Guthaben des Mörders festgestellt wurden, vervollständigte die Untersuchung und die Befriedigung des Kriminalinspektors.

„Sie können sich drauf verlassen, Herr Utterson", sagte er zum Anwalt, „ich habe ihn in meiner Hand! Er muß den Kopf verloren haben – sonst würde er niemals den Stock hiergelassen haben; vor allem hätte er nicht das Scheckbuch verbrannt. Herrgottnochmal, Geld bedeutet für den Mann einfach das Leben! Wir brauchen weiter nichts zu tun, als im Bankgebäude auf ihn zu warten und ihm die Handschellen anzulegen".

Dies letztere war jedoch nicht so leicht ausgeführt; denn Herr Hyde hatte wenig Bekannte gehabt – auch der Herr des Dienstmädchens hatte ihn überhaupt nur zweimal gesehen. Von Angehörigen des Mörders konnte nirgends auch nur eine Spur aufgefunden werden. Photographieren hatte er sich niemals lassen. Und die wenigen, die ihn beschreiben konnten, wichen in ihren Beschreibungen weit voneinander ab, wie es bei den Aussagen von Durchschnittsbeobachtern der Fall zu sein pflegt.

Nur in einem einzigen Punkt stimmten alle überein: daß der Flüchtling auf jeden, der ihn gesehen, einen gespenstigen Eindruck einer unerklärlichen Mißgestaltung gemacht hatte.

Der Brief

Es war spät am Nachmittag, als Utterson vor Dr. Jekylls Haus eintraf. Er wurde von Poole sofort eingelassen und durch die Küchenräume und quer über einen Hof, der früher einmal ein Garten gewesen war, nach dem Gebäude geführt, das gemeiniglich als das „Laboratorium" oder „der Seziersaal" bezeichnet wurde. Der Doktor hatte das Haus von den Erben eines berühmten Chirurgen gekauft, und da seine eigenen Neigungen sich mehr der Chemie als der Anatomie zuwandten, so hatte er dem am Ende des Gartens stehenden Gebäude eine andere Bestimmung gegeben.

Es war das erstemal, daß der Anwalt in diesem Teil der Wohnung seines Freundes Zulaß fand; er betrachtete voll Neugier das verwahrlost aussehende fensterlose Gebäude und sah mit einem eigentümlich unbehaglichen Gefühl um sich, als er durch das Amphitheater schritt, das früher von fleißigen Studenten gewimmelt hatte, während es jetzt trübe und stumm dalag, die Tische mit chemischen Apparaten beladen, der Fußboden mit Kisten, Körben und Packstroh bedeckt, wie der Anwalt in dem Dämmerlicht bemerkte, das an diesem Nebeltage durch die Glaskuppel hereinfiel.

Am jenseitigen Ende des Raumes führte eine Treppe zu einer mit rotem Fries bezogenen Tür hinauf, und durch diese gelangte Utterson endlich in des Doktors Studierzimmer. Es war ein großer Raum, an dessen Wänden ringsherum Glasschränke standen; ausgestattet war er unter anderem mit einem Drehspiegel und einem großen Schreibtisch; drei verstaubte Fenster mit eisernen Gittern sahen auf den Hof hinaus. Im Kamin brannte das Feuer; eine angezündete Lampe war auf den Kaminsims gestellt, denn selbst in den Häusern begann der hereindringende Nebel sich bemerkbar zu machen; und dort am Kamin, dicht am wärmenden Feuer, saß Dr. Jekyll und sah todkrank aus. Er stand nicht auf, um seinem Besucher entgegenzugehen, sondern streckte nur eine kalte Hand ihm entgegen und begrüßte ihn mit seltsam veränderter Stimme.

„Nun?" sagte Utterson, sobald Poole sie allein gelassen hatte, „hast du die Neuigkeit gehört?"

Der Doktor schauderte zusammen und sagte:

„Sie schrien sie auf dem Platz aus. Ich hörte sie in meinem Eßzimmer".

„Ein Wort!" sagte der Anwalt. „Carew war mein Klient, aber das bist du auch, und ich wünsche zu wissen, was ich tue. Du bist doch nicht so wahnsinnig gewesen, um den Kerl bei dir zu verstecken?"

„Utterson, ich schwöre bei Gott", rief der Doktor, „ich schwöre bei Gott, er wird mir niemals wieder vor die Augen kommen. Ich sage dir bei meiner Ehre: in dieser Welt bin ich mit ihm fertig! Es ist alles aus. Und er braucht auch wirklich meine Hilfe nicht; du kennst ihn nicht so wie ich; er ist in Sicherheit, vollständig in Sicherheit. Merke dir meine Worte: man wird niemals wieder etwas von ihm hören".

Der Anwalt hörte ihm verdrießlich zu; das fieberhafte Wesen seines Freundes gefiel ihm nicht.

„Du scheinst seiner ziemlich sicher zu sein", sagte er endlich; „und um deinetwillen hoffe ich, daß du recht haben mögest. Wenn es zu einer Gerichtsverhandlung käme, würde wohl dein Name genannt werden".

„Ich bin in Bezug auf ihn vollkommen sicher; ich habe bestimmte Gründe dafür, die ich aber keinem Menschen mitteilen kann. Indessen, da ist eins, worüber du mir vielleicht einen Rat geben kannst. Ich habe – einen Brief erhalten, und ich weiß nicht, ob ich diesen der Polizei zeigen sollte. Ich möchte ihn gerne dir übergeben, Utterson; ich bin sicher, daß du das Rechte triffst; ich habe so großes Vertrauen zu dir".

„Ich vermute, du befürchtest, daß dieser Brief zu seiner Entdeckung führen könnte?" fragte der Anwalt.

„Nein. Ich kann nicht sagen, daß ich mir überhaupt etwas daraus mache, was aus Hyde wird; ich bin vollständig fertig mit ihm. Ich dachte an meinen eigenen guten Ruf, der durch diese gräßliche Geschichte ziemlich bloßgestellt worden ist".

Utterson dachte eine Weile nach; er war überrascht von dieser selbstsüchtigen Denkweise seines Freundes und fühlte sich sogleich durch sie erleichtert. Endlich sagte er:

„Gut. Laß mich den Brief sehen".

Der Brief war in eigentümlichen, steilen Zügen geschrieben und mit dem Namen „Edward Hyde" unterzeichnet. Er besagte, kurz genug, daß des Schreibers Wohltäter, Dr. Jekyll, den er seit langer Zeit für tausend edelmütige Handlungen in so unwürdiger Weise belohnt habe, sich um seine Sicherheit nicht beunruhigen möge, da er über Mittel zur Flucht verfüge, auf die er sich ganz bestimmt verlassen könne.

Dem Anwalt gefiel dieser Brief recht gut; er ließ die Freundschaft dieser beiden Menschen in einem besseren Licht erscheinen, als er angenommen hatte; und er schalt sich selber wegen seines früheren Verdachtes.

„Hast du den Umschlag?" fragte er.

„Ich verbrannte ihn, bevor ich daran dachte, was ich tat. Aber es war kein Poststempel darauf. Der Brief war durch einen Boten an der Tür abgegeben worden".

"Soll ich den Brief behalten und mir das Weitere einmal beschlafen?" fragte Utterson.

"Ich wünsche, daß du ganz allein statt meiner entscheidest", war die Antwort; "ich habe das Vertrauen zu mir selber verloren".

"Na, ich werd es mir überlegen. Und jetzt noch ein Wort: es war Hyde, der die Bestimmungen in deinem Testamente diktierte, die wegen jenem Verschwinden getroffen waren?"

Der Doktor schien von einer Schwäche befallen zu werden; er preßte seine Lippen fest zusammen und bebte.

"Ich wußte es", rief Utterson. "Er beabsichtigte, dich zu ermorden. Du bist noch gerade eben gut davongekommen".

"Dieser Ausdruck paßt nicht gut!" antwortete der Doktor feierlich; "es ist etwas anderes: ich habe eine Lehre erhalten! O Gott, Utterson, welch eine Lehre habe ich erhalten!"

Und er bedeckte für einen Augenblick sein Antlitz mit beiden Händen.

Als der Anwalt das Haus verließ, verweilte er noch einen Augenblick, um ein Wort mit Poole zu sprechen:

"Hören Sie mal: es wurde heute ein Brief abgegeben – wie sah denn der Bote aus?"

Aber Poole behauptete steif und fest, es sei ganz sicher, daß Briefe nur mit der Post gekommen seien. "Und das waren außerdem nur Drucksachen," setzte er hinzu.

Diese Auskunft belebte die Befürchtungen des Anwalts aufs neue. Offenbar war der Brief an der Laboratoriumstür abgegeben worden; möglicherweise war er sogar in des Doktors Studierzimmer geschrieben worden. Und wenn dies der Fall war, dann mußte er ganz anders beurteilt werden und man mußte um so vorsichtiger vorgehen.

Als er auf den Platz trat, rannten Zeitungsjungen auf den Bürgersteigen entlang und brüllten sich heiser: „Extrablatt! Gräßliche Ermordung eines Parlamentsmitglieds!"

Das war die Leichenrede für einen solchen Klienten; und er konnte sich einer gewissen Befürchtung nicht erwehren, daß der gute Name eines anderen in den Wirbel dieses Skandals hineingezogen würde. Jedenfalls hatte er eine heikle Entscheidung zu treffen; und so sehr er sich sonst seiner Gewohnheit nach auf sich selber verließ, begann er sich doch nach Rat zu sehnen. Unmittelbar war dieser nicht zu haben; aber vielleicht, dachte er, könnte er bei Gelegenheit einen erhaschen.

Gleich darauf saß er an der einen Seite seines eigenen Kaminfeuers; an der anderen saß sein Kanzleivorsteher Guest, und zwischen ihnen, in einer wohlberechneten Entfernung vom Feuer, stand auf einem Tischchen eine Flasche eines ganz besonderen alten Weines, der lange in der Dämmerung seines Kellers gelegen war. Der Nebel lag noch auf den Straßen der in ihm ertrunkenen Stadt; die Laternen glühten rot wie Karfunkel aus ihm hervor; und durch die Wolken, die den Schall dämpften, rollte das Getriebe der Weltstadt in den großen Hauptadern mit einem Ton wie mächtiges Sturmesbrausen. Aber das Zimmer war heiter im Schein das Kaminfeuers. In der Flasche hatte alle Säure sich längst gelöst; die Purpurfarbe des Weins war mit der Zeit sanft geworden, wie die Farben gemalter Glasfenster; und die Sonnenglut heißer Tage, die auf Rebenhügel geschienen hatte, war bereit, freigelassen zu werden und alle Nebel Londons zu zerstreuen.

Ganz allmählich taute der Anwalt auf. Es gab keinen Menschen, vor dem er weniger Geheimnisse bewahrte als vor Herrn Guest; er war nicht immer sicher, daß dieser so viele bewahrte, wie er wünschte. Guest war oft in Geschäften beim Doktor gewesen; er kannte Poole; es war kaum anzunehmen, daß er nicht von Hydes vertraulichem Verkehr in dem Hause gehört hätte. Er zog vielleicht seine Schlüsse – wäre es also nicht ebensogut, wenn er einen Brief sähe, der dieses Geheimnis im richtigen Licht erscheinen ließ? Außerdem war Guest ein großer Sachverständiger in Handschriftendeutung, womit er sich eifrig beschäftigte; würde er es also nicht für ganz natürlich und für eine Freundlichkeit halten, wenn er ihm den Brief zeigte? Außerdem war sein Kanzleivorsteher ein Mann, der gern einen Rat gab; er würde ein so merkwürdiges Schriftstück wohl kaum lesen, ohne eine Bemerkung fallen zu lassen; und je nach dieser Bemerkung, konnte Utterson vielleicht sein künftiges Verhalten einrichten.

„Das ist ein trauriger Vorfall, dies mit Sir Danvers", sagte der Anwalt.

„Jawohl, Herr, allerdings. Es hat im Publikum große Teilnahme hervorgerufen", antwortete Guest. „Der Mann war natürlich wahnsinnig".

„Ich möchte gerne mal Ihre Ansichten darüber hören", erwiderte Utterson; „ich habe hier ein Dokument seiner Handschrift; es bleibt natürlich unter uns beiden, denn ich weiß kaum, was ich in der Sache tun soll; auf alle Fälle ist es eine eklige Geschichte. Na, hier ist es – so etwas für Sie: das Autograph eines Mörders."

Guests Augen funkelten; er setzte sich sofort hin und studierte den Brief mit Leidenschaft. Dann sagte er:

„Nein, Herr Utterson – kein Wahnsinniger; aber eine sonderbare Handschrift ist dies".

„Und nach allem, was mir berichtet wurde, ein sehr sonderbarer Schreiber", setzte der Anwalt hinzu.

Gerade in diesem Augenblick trat der Diener mit einem Brief ein.

„Ist das von Dr. Jekyll, Herr?" fragte der Kanzleivorsteher. „Ich dachte, ich kennte die Handschrift. Irgend etwas Privates, Herr Utterson?"

„Nur eine Einladung zum Essen. Was? Möchten Sie sie gerne sehen?"

„Nur einen Augenblick. Danke Ihnen, Herr Utterson!"

Und der Schreiber legte die beiden Blätter nebeneinander und verglich eifrig ihren Inhalt. Endlich sagte er, indem er beide Briefe zurückgab:

„Vielen Dank, Herr Utterson; es ist ein sehr interessantes Autograph".

Es entstand eine Pause, während welcher Herr Utterson mit sich selber kämpfte. Plötzlich fragte er:

„Warum verglichen Sie sie, Guest?"

„Hm, Herr Utterson; da ist eine recht merkwürdige Ähnlichkeit vorhanden; die beiden Handschriften sind in vielen Punkten identisch; nur die Richtung der Buchstaben ist verschieden".

„Recht sonderbar", sagte Utterson.

„Wie Sie sagen – recht sonderbar", antwortete Guest.

„Ich würde von diesem Brief nichts verlauten lassen, wissen Sie", sagte der Anwalt.

„Nein, Herr Utterson. Ich verstehe".

Kaum war Utterson allein, so schloß er den Brief in seinen Geldschrank ein, wo er seit jener Stunde liegenblieb.

Was! dachte er bei sich, Henry Jekyll fälscht Briefe zugunsten eines Mörders!

Und das Blut rann ihm kalt durch die Adern.

Eine merkwürdige Mitteilung von Dr. Lanyon

Die Zeit verging. Tausende von Pfund Sterling wurden als Belohnung ausgeschrieben, denn der Mord an Sir Danvers wurde als eine öffentliche Unbill empfunden; aber Hyde war aus dem Bereich der

Polizei verschwunden, wie wenn er niemals vorhanden gewesen wäre. Indessen wurde vieles von seiner Vergangenheit entdeckt – lauter unrühmliche Dinge. Es kamen Geschichten zum Vorschein von des Mannes Grausamkeit, einer herausfordernden, kalten und gleichzeitig heftigen Grausamkeit; von seinem schmutzigen Lebenswandel; von seinen merkwürdigen Kumpanen; von dem Haß, den er anscheinend überall erweckt hatte – aber von seinem augenblicklichen Aufenthalt verlautete kein Ton. Von der Zeit an, da er am Morgen des Mordes das Haus in Soho verlassen hatte, war er ganz einfach von der Bildfläche verschwunden; und allmählich, je mehr Zeit verstrich, begann Utterson sich von seiner heißen Angst zu erholen und sich innerlich zu beruhigen. Der Tod des Sir Danvers war nach seiner Denkweise mehr als ausgeglichen durch das Verschwinden dieses Herrn Hyde.

Jetzt, da der böse Einfluß entfernt worden war, begann für Dr. Jekyll ein neues Leben. Er kam aus seiner Abgeschiedenheit hervor, knüpfte die Verbindungen mit seinen Freunden von neuem an, wurde wieder im vertraulichen Verkehr ihr Gast und Wirt; und während er längst schon für seine Mildtätigkeit bekannt gewesen war, zeichnete er sich nicht weniger durch seinen kirchlichen Eifer aus. Er arbeitete fleißig, er war viel in der frischen Luft, er tat Gutes; sein Antlitz schien offener und heller zu werden, wie wenn er inwendig das Bewußtsein hätte, daß er auf der Welt zu etwas nütze wäre. Und länger als zwei Monate hindurch lebte der Doktor in Frieden.

Am 8. Januar hatte Utterson mit einer kleinen Gesellschaft beim Doktor gespeist; Lanyon war auch dabei gewesen; und die Augen des Gastgebers waren von einem zum andern gewandert wie in den alten Tagen, als die drei unzertrennliche Freunde gewesen waren. Am 12. Januar, und auch wieder am 14., war des Doktors Tür dem Anwalt verschlossen geblieben. Der Doktor hüte das Zimmer und empfange keinen Menschen, hatte Poole gesagt.

Am 15. Januar hatte Utterson es wieder versucht und war wieder nicht angenommen worden; und da er in den letzten beiden Monaten gewöhnt gewesen war, seinen Freund fast täglich zu sehen, empfand er dessen Rückkehr zur Einsamkeit als eine schwere Sorge auf seiner Seele. Am fünften Abend hatte er Guest bei sich zum Essen; und am sechsten begab er sich zu Dr. Lanyon.

Hier wurde ihm wenigstens nicht der Zutritt verwehrt; aber sowie er eintrat, erschrak er über die Veränderung, die sich in des Doktors Aussehen vollzogen hatte. Ihm stand das Todesurteil sichtbar auf dem Gesicht geschrieben. Der sonst so frischrote Mann war bleich geworden; er war abgemagert; er war sichtbar kahler und älter; und trotz alledem waren es nicht so sehr diese Anzeichen eines schnellen körperlichen Verfalles, die dem Anwalt auffielen, wie ein Blick in seinen Augen und ein Gehaben, das auf einen tiefinneren, seelischen Schrecken schließen zu lassen schien. Es war nicht anzunehmen, daß ein alter Arzt sich vor dem Tode fürchtete; und doch war Utterson versucht, dies zu argwöhnen.

Ja, dachte er, er ist Arzt: er muß seinen eigenen Zustand kennen und muß wissen, daß seine Tage gezählt sind; und daß er dies weiß, ist mehr als er tragen kann.

Als aber Utterson eine Bemerkung über seines Freundes krankes Aussehen machte, erklärte Lanyon mit vollkommener Ruhe und Festigkeit, er sei ein verlorener Mann.

„Ich habe einen Stoß bekommen", sagte er, „und werde mich niemals davon erholen. Es ist eine Frage von Wochen. Na, mein Leben ist angenehm gewesen; ich liebte es; jawohl, Utterson, ich lebte gern. Jetzt denke ich manchmal: wenn wir alles wüßten, wären wir nur um so froher, uns davonzumachen".

„Jekyll ist ebenfalls krank", bemerkte Utterson. „Hast du ihn gesehen?"

Lanyons Gesicht verzerrte sich und er hielt eine zitternde Hand empor.

„Ich wünsche von Dr. Jekyll nichts mehr zu sehen noch zu hören", sagte er mit lauter, zitternder Stimme. „Mit dem Menschen bin ich vollkommen fertig, und ich bitte dich, mir jede Anspielung auf einen Mann zu ersparen, den ich als tot betrachte".

„Na, na!" sagte Utterson; und nach einer ziemlich langen Pause fragte er:

„Kann ich nicht irgendwas tun? Wir sind drei sehr alte Freunde, Lanyon; wir werden in unserem Leben keine neuen mehr bekommen".

„Es ist nichts zu machen", erwiderte Lanyon; „frag ihn selber!"

„Er will mich nicht sehen".

„Darüber wundere ich mich nicht. Eines Tages, Utterson, wenn ich tot bin, wirst du vielleicht erfahren, ob ich recht oder unrecht habe. Ich kann es dir nicht sagen. Und bis dahin – wenn du bei mir sitzen und mit mir von anderen Dingen plaudern kannst, so bitte ich dich um Gottes willen, bleib und tu es! Aber wenn du dich nicht von diesem verfluchten Thema fernhalten kannst – dann, in Gottes Namen, geh! Denn ich kann es nicht vertragen!"

Sobald er nach Hause kam, setzte Utterson sich hin und schrieb an Jekyll, beschwerte sich über die Ausschließung aus seinem Hause und fragte nach der Ursache des unglückseligen Bruches mit Lanyon. Schon der nächste Tag brachte ihm eine lange Antwort, die stellenweise in sehr pathetischen Worten gehalten war und stellenweise sehr dunkel und geheimnisvoll klang. Der Bruch mit Lanyon sei unheilbar.

„Ich tadle unsern alten Freund nicht", schrieb Jekyll, „aber ich teile seine Meinung, daß wir uns einander niemals wieder begegnen dürfen. Ich gedenke von jetzt an äußerst eingezogen zu leben; du mußt nicht überrascht sein, darfst auch nicht an meiner Freundschaft zweifeln, wenn meine Tür sogar oft verschlossen sein wird. Du mußt mich meinen eigenen dunklen Weg gehen lassen; ich habe selber eine Strafe und eine Gefahr über mich gebracht, die ich nicht nennen kann. Wenn ich der ärgste aller Sünder bin, so leide ich auch am ärgsten. Ich konnte nicht glauben, daß unsere Erde Leiden und Schrecken enthielte, die einen Menschen so entmutigten; und du kannst nur eins tun, Utterson, um mir dieses Geschick zu erleichtern: mein Schweigen achten".

Utterson war verblüfft: der dunkle Einfluß Hydes war entfernt worden; der Doktor war zu seinen alten Beschäftigungen und zum Verkehr mit seinen Freunden zurückgekehrt; vor einer Woche noch hatten ihm alle Aussichten auf ein fröhliches und ehrenvolles Alter gelächelt – und jetzt waren in einem Augenblick Freundschaft, Seelenruhe und der ganze Inhalt eines Lebens zerschellt. Ein so großer und plötzlicher Wechsel deutete auf Wahnsinn; aber im Hinblick auf Lanyons Benehmen und Worte mußte irgendein tieferer Grund dafür vorhanden sein.

Eine Woche darauf legte Dr. Lanyon sich zu Bett, und in weniger als vierzehn Tagen war er tot. Am Abend nach dem Begräbnis, an welchem er in tiefer Trauer teilgenommen hatte, verschloß Utterson die Tür seines Arbeitszimmers, setzte sich bei dem Licht einer melancholischen Kerze an seinen Schreibtisch und holte einen Umschlag hervor, der von der Hand seines toten Freundes überschrieben und mit dessen Petschaft versiegelt war.

Er legte den Brief vor sich hin und las:

„Geheim! Nur zu Händen von J. G. Utterson allein, und im Falle von dessen früherem Hinscheiden ungelesen zu vernichten!"

So lautete die bedeutungsvolle Aufschrift, und der Anwalt fürchtete sich, den Inhalt anzusehen.

Ich habe heute einen Freund begraben, dachte er; wenn nun dieser Brief mir den zweiten kostete?

Dann aber wies er diese Furcht als eine Untreue von sich und erbrach das Siegel. In dem Umschlag lag noch ein, ebenfalls versiegelter Umschlag, der folgende Worte trug: „Nicht vor dem Tode oder Verschwinden des Dr. Henry Jekyll zu öffnen".

Utterson konnte seinen Augen nicht trauen. Ja, hier stand Verschwinden. Auch hier wieder, wie in dem wahnsinnigen letzten Willen, den er längst seinem Freunde zurückgegeben hatte; auch hier wieder war der Gedanke an ein Verschwinden und der Name Henry Jekyll miteinander zusammengekoppelt. Aber in dem Testament war dieser Gedanke der unheimlichen Einwirkung jenes Herrn Hyde entsprungen; damals war er in einer Absicht hineingebracht worden, die nur allzu deutlich und schrecklich war. Was konnte es bedeuten, daß dieses Wort hier von der Hand Lanyons geschrieben stand? Eine starke Neugier versuchte den Treuhänder, des Verbotes nicht zu achten und sofort diesen Geheimnissen auf den Grund zu gehen; aber Berufsehre und Treue gegen seinen toten Freund waren bindend. Und so wanderte das Paket in den hintersten Winkel seines Privatgeldschranks, um dort zu schlummern.

Ein Mann kann seine Neugier im Zaum halten; etwas anderes ist es, sie zu besiegen; und man kann daran zweifeln, ob seit jenem Tage Utterson die Gesellschaft seines überlebenden Freundes noch mit demselben Eifer wünschte. Er dachte freundlich an ihn; aber seine Gedanken waren unruhig und voll Angst. Er suchte ihn allerdings auf, aber er war vielleicht erleichtert, wenn er keinen Zutritt erhielt. Vielleicht zog er im Grunde seines Herzens es vor, mit Poole auf der Türschwelle zu sprechen, wo ihn die frische Luft und das Geräusch der Weltstadt umgaben, statt in dieses Haus freiwilliger Gefangenschaft eingelassen zu werden, bei dem undurchdringlich rätselhaften freiwilligen Gefangenen zu sitzen und mit ihm zu sprechen.

Poole hatte ihm in der Tat nicht sehr Angenehmes mitzuteilen. Der Doktor beschränkte sich jetzt allem Anschein nach mehr denn je auf sein Arbeitszimmer über dem Laboratorium, wo er zuweilen sogar schlief. Er war völlig niedergeschlagen, war sehr schweigsam geworden und las nicht einmal mehr; es hatte den Anschein, wie wenn er irgend etwas auf der Seele hätte. Utterson gewöhnte sich an die unveränderte Art dieser Berichte allmählich so sehr, daß er nach und nach seine Besuche weniger häufig werden ließ.

Am Fenster

An einem Sonntag, als Utterson seinen gewohnten Spaziergang mit Enfield machte, traf es sich zufällig, daß ihr Weg sie wieder einmal durch jene Nebenstraße führte; und als sie der Tür gegenüber waren, blieben beide stehen und sahen nach ihr hinüber.

„Na", sagte Enfield, „die Geschichte ist ja wenigstens zu Ende. Von dem Herrn Hyde werden wir nichts mehr sehen".

„Hoffentlich nicht", sagte Utterson. „Habe ich Ihnen mal erzählt, daß ich ihn sah und genau so einen Widerwillen wie Sie empfand?"

„Das eine war ohne das andere unmöglich", antwortete Enfield. „Übrigens – für welch einen Esel müssen Sie mich gehalten haben, daß ich nicht wußte, diese Tür sei der hintere Eingang zu Dr. Jekylls Haus! Daß ich schließlich doch darauf kam, daran waren zum Teil Sie selber schuld".

„Also haben Sie es herausgefunden? Wirklich?" sagte Utterson. „Wenn das so ist, so können wir mal in den Hof hineingehen und nach den Fenstern hinaufsehen. Wenn ich Ihnen die Wahrheit sagen soll – ich bin unruhig über den armen Jekyll, und ich habe so ein Gefühl, wie wenn die Nähe eines Freundes ihm gut tun könnte – selbst wenn dieser nur draußen ist".

Dr. Jekyll und Mr. Hyde

Der Hof war sehr kühl und ein wenig feucht, und voll von einer verfrühten Dämmerung, obgleich am Himmel, hoch über den Dächern noch hell die Sonne schien. Das mittlere von den drei Fenstern stand halb offen; und dicht am Fenster, mit einer unendlich traurigen Miene, wie ein untröstlicher Gefangener, die frische Luft suchend, sah Utterson Dr. Jekyll sitzen.

„Sieh da, Jekyll!" rief er; „ich hoffe, es geht dir besser".

„Mir geht es sehr schlecht, Utterson", antwortete der Doktor trübsinnig, „sehr schlecht. Gott sei Dank wird es nicht lange dauern".

„Du hockst viel zu Hause", sagte der Andere. „Du solltest ausgehen, das Blut in Umlauf bringen, wie Herr Enfield, wie ich. (Dies ist mein Vetter – Herr Enfield – Herr Dr. Jekyll.) Komm' doch! Nimm deinen Hut und mache schnell mit uns einen Spaziergang".

„Ihr seid sehr freundlich", seufzte der Andere. „Ich täte es herzlich gern; aber nein, nein, nein, es ist ganz unmöglich; ich darf nicht. Aber ich freue mich wirklich sehr, Utterson, dich zu sehen; es ist mir wahrhaftig eine sehr große Freude; ich würde dich und Herrn Enfield heraufbitten – aber mein Zimmer ist tatsächlich nicht aufgeräumt".

„Na", sagte der Anwalt mit seinem gutmütigen Lachen, „dann ist es das Beste, was wir tun können, wir bleiben hier unten stehen und unterhalten uns von hier aus mit dir".

„Das wollte ich auch gerade vorschlagen", erwiderte der Doktor mit einem Lächeln. Aber kaum waren diese Worte ausgesprochen, da verschwand das Lächeln aus seinem Gesicht, und es folgte ihm ein Ausdruck von so entsetzlicher Angst und Verzweiflung, daß den beiden Männern unten tatsächlich das Blut in den Adern fror. Sie sahen es nur für den Bruchteil einer Sekunde, denn das Fenster wurde sofort heruntergelassen; aber diese schnellen Blicke hatten genügt, sie drehten sich um und verließen den Hof, ohne ein einziges Wort zu sagen.

Stillschweigend gingen sie auch die Nebenstraße entlang, und erst als sie in die nächste große Straße kamen, in der sogar an einem Sonntag sich etwas Leben rührte, drehte Utterson sich endlich um und sah seinen Begleiter an. Beide waren bleich, und beiden stand Entsetzen in den Augen.

„Gott vergebe uns, Gott vergebe uns", sagte Utterson.

Aber Enfield nickte nur sehr ernst und ging schweigend weiter.

Die letzte Nacht

Utterson saß eines Abends nach dem Essen an seinem Kaminfeuer; da erhielt er zu seiner Überraschung einen Besuch von Poole.

„Herrje, Poole! Was bringt Sie her?" rief er; und als er einen zweiten Blick auf ihn geworfen hatte, setzte er hinzu:

„Was fehlt Ihnen? Ist der Doktor krank?"

„Herr Utterson," sagte der Bediente, „da ist irgendwas nicht in Ordnung".

„Nehmen Sie einen Stuhl, und hier ist ein Glas Wein für Sie," sagte der Anwalt. „Lassen Sie sich nur Zeit und sagen Sie mir ganz offen, was Sie wünschen".

„Sie wissen ja, wie Herr Doktor ist, Herr Utterson," antwortete Poole, „und wie er sich immer einschließt. Nun, er hat sich jetzt wieder in seinem Arbeitszimmer eingeschlossen, und mir gefällt's nicht. Herr – ich will auf der Stelle tot sein, wenn's mir gefällt. Herr Utterson – ich hab Angst!"

„Na, mein guter Mann", sagte der Anwalt, „erklären Sie sich deutlich. Wovor haben Sie Angst?"

„Ich habe schon seit ungefähr einer Woche Angst", antwortete Poole, ohne die Aufforderung des Anwalts zu beachten, „und ich kann es nicht länger aushalten".

Das Aussehen des Mannes bestätigte seine Worte deutlich; er benahm sich nicht so gemessen und freundlich wie sonst immer und hatte außer im ersten Augenblick, als er von seiner Angst gesprochen hatte, dem Anwalt nicht ein einziges Mal ins Gesicht gesehen. Auch jetzt saß er, sein unberührtes Glas Wein auf dem Knie, und sah in eine Ecke des Zimmers hinein.

„Ich kann's nicht mehr aushalten", wiederholte er.

„Nu nu", sagte der Anwalt, „ich sehe, Sie haben irgendeine gute Ursache, Poole; ich sehe, es ist irgend etwas Ernstes vorgefallen. Versuchen Sie, mir zu erzählen, was es ist!"

„Ich denke, da sind faule Sachen los", sagte Poole heiser.

„Faule Sachen?" rief der Anwalt, wirklich erschrocken und infolgedessen geneigt, böse zu werden. Was redet er von faulen Sachen? Was meint der Mann damit? dachte er bei sich selber.

„Ich wage es nicht zu sagen, Herr", war die Antwort; „aber wollen Sie nicht mitkommen und selber mal nachsehen?"

Uttersons einzige Antwort bestand darin, daß er aufstand und seinen Hut und Mantel nahm; aber er bemerkte mit Verwunderung, welche große Erleichterung sich auf dem Gesicht des Dieners zeigte, und vielleicht mit nicht geringerer, daß der Wein noch immer unberührt war, als der Mann das Glas hinsetzte, um ihm zu folgen.

Es war eine wilde, kalte Märznacht, ganz der Jahreszeit angemessen; eine blasse Mondsichel lag auf dem Rücken, wie wenn der Sturm sie umgeworfen hätte – ein Mond wie von ganz durchsichtigem, dünnem Gespinst. Der Sturm machte Sprechen schwierig und trieb den beiden das Blut ins Gesicht. Er schien außerdem die Straßen in ungewöhnlicher Weise von Menschen leergefegt zu haben; denn es kam Utterson vor, wie wenn er diesen Teil von London niemals so verlassen gesehen hätte. Ihm wäre lieber gewesen, Menschen zu sehen; niemals in seinem Leben hatte er sich so sehr gesehnt, seine Mitgeschöpfe zu sehen und zu berühren; denn so sehr er auch dagegen ankämpfte, auf seiner Seele lag eine drückende Vorahnung von Unheil.

Als sie auf den Platz kamen, an dem des Doktors Haus lag, war alles voll von Wind und Staub und die dünnen Bäume in den Anlagen bogen sich über das Gitter.

Poole, der die ganze Zeit über ein paar Schritte voraus gewesen war, blieb jetzt mitten auf dem Pflaster stehen, nahm trotz der scharfen Kälte seinen Hut ab und wischte sich mit einem roten Taschentuch die Stirne ab. Aber die Schweißtropfen, die er wegwischte, hatte nicht das schnelle Laufen herausgetrieben, sondern irgendeine ihn erstickende Angst; denn sein Gesicht war weiß, und seine Stimme, als er nun sprach, war rauh und gebrochen.

„Nun, Herr Utterson", sagte er, „da sind wir – und Gott gebe, es möge nichts Schlimmes sein".

„Amen, Poole!" sagte der Andere.

Dann klopfte der Bediente sehr leise und vorsichtig an; die Tür wurde geöffnet, soweit die Kette reichte, und eine Stimme fragte von drinnen:

„Sind Sie das, Poole?"

„Alles in Ordnung, öffnet die Tür".

Die Halle, die sie nun betraten, war hell erleuchtet; im Kamin brannte ein hochaufgestapeltes Feuer, und ringsherum stand die ganze Dienerschaft, Männer und Weiber, aneinandergedrängt wie eine Herde Schafe. Bei Uttersons Anblick brach das Stubenmädchen in ein hysterisches Wimmern aus, und die Köchin schrie auf: „Gott sei Dank – da ist Herr Utterson!" und lief auf ihn zu, wie wenn sie ihn umarmen wollte.

„Nanu? Seid ihr alle hier?" sagte der Anwalt verdrießlich. „Sehr ungehörig, sehr unpassend! Eurem Herrn würde das durchaus nicht gefallen!"

„Sie haben alle Angst", sagte Poole.

Totenstille folgte – niemand sagte etwas dagegen; nur das Stubenmädchen erhob ihre Stimme und weinte jetzt laut.

„Halt deinen Mund!" sagte Poole zu ihr mit einer Grobheit, die ein Beweis war, wie nervös er selber war. Und in der Tat, als das Mädchen so plötzlich ihr Jammergeschrei erhoben hatte, waren sie alle aufgefahren und blickten mit Gesichtern voll von erschrockener Erwartung nach der Innentür.

„Und nun", fuhr Poole fort und wandte sich an den Messerputzer, „gib mir eine Kerze, wir wollen der Sache jetzt sofort auf den Grund gehen".

Dann bat er Herrn Utterson, ihm zu folgen, und ging ihm voran nach dem Hintergarten. Dort sagte er:

„Nun, Herr Utterson, gehen Sie bitte so leise, wie Sie können. Ich möchte, daß Sie hören, aber nicht gehört werden. Und dann – verzeihen Sie, Herr! – sollte er zufällig Sie zu sich hereinbitten – dann gehen Sie nicht!"

Diese ganz unerwartete Aufforderung gab Uttersons Nerven einen Stoß, daß er beinahe aus seinem Gleichgewicht gekommen wäre; aber er nahm seinen Mut zusammen und folgte dem Diener in das Laboratoriumsgebäude und durch das chirurgische Amphitheater mit seinem Plunder von Kistendeckeln und Flaschen bis an den Fuß der Treppe. Hier gab Poole ihm einen Wink, auf die Seite zu treten und zu horchen, während er selber die Kerze auf den Fußboden setzte, mit einem großen Entschluß, den Utterson ihm deutlich ansah, seinen ganzen Mut zusammennahm, die Stufen hinaufstieg und mit einer etwas unsicheren Hand an den roten Fries der Tür zum Arbeitszimmer klopfte.

„Herr Utterson, Herr, wünscht Sie zu sehen", rief er und machte dabei dem Anwalt noch heftigere Zeichen, ja genau zuzuhören.

Eine Stimme antwortete von drinnen in klagendem Ton:

„Sag ihm, ich könne keinen Menschen sehen".

„Danke, Herr", sagte Poole und in seiner Stimme klang etwas wie Triumph; dann nahm er seine Kerze auf und führte Utterson über den Hof zurück und in die große Küche, in der das Feuer ausgegangen war und die Schwaben über den Fußboden huschten.

„Herr Utterson", sagte er, dem Anwalt fest in die Augen blickend, „war das meines Herrn Stimme?"

„Sie schien sehr verändert zu sein," antwortete Utterson, sehr blaß, aber den Blick des Haushofmeisters fest erwidernd.

„Verändert? Nu ja, das meine ich auch," sagte dieser. „Bin ich zwanzig Jahre im Hause meines Herrn gewesen, daß ich mich in seiner Stimme täuschen könnte? Nein, Herr! Unser Herr ist auf die Seite gebracht worden; vor acht Tagen wurde er auf die Seite gebracht – da hörten wir ihn laut Gottes Namen anrufen! Und wer an seiner Stelle drinnen ist, und warum er drinnen ist – das ist ein Ding, das zum Himmel schreit, Herr Utterson!"

„Was Sie da sagen, Poole, ist sehr sonderbar; das ist eigentlich eine wahnsinnige Geschichte, mein guter Mann," sagte Utterson und biß sich dabei auf den Finger. „Angenommen, es wäre so, wie Sie annehmen, – angenommen, Dr. Jekyll wäre … na ja, ermordet – was könnte den Mörder veranlassen, drinnen zu bleiben? Eine solche Annahme ist nicht stichhaltig, läßt sich nicht mit der Vernunft zusammenreimen".

„Nun, Herr Utterson, Sie sind schwer zu überzeugen, aber ich werde Sie doch überzeugen!" sagte Poole: „Sie müssen wissen, diese ganze letzte Woche hat er, oder es, oder was auch immer da in dem Arbeitszimmer hausen mag, Tag und Nacht nach irgendeiner Medizin geschrien und kann sie nicht so kriegen, wie er sie haben will. Er hatte es so manchmal an sich – unser Herr nämlich – seine Befehle auf ein Blatt Papier zu schreiben und dieses auf die Treppe zu werfen. Diese ganze letzte Woche haben wir nichts anderes gehabt – nichts als Papiere, und dazu eine verschlossene Tür, und sogar das Essen wurde auf die Treppe gestellt und heimlich hereingeholt, wenn's niemand sah. Nun, Herr, jeden Tag – ja sogar zweimal und dreimal an demselben Tage, hat es Befehle und Beschwerden gegeben, und ich habe bei allen großen Apothekern in der Stadt herumlaufen müssen. Jedesmal, wenn ich das Zeug brachte, kam ein neues Papier: ich sollte es wieder zurückbringen, denn es wäre nicht rein – und ein neuer Auftrag an eine andere Firma. Diese Droge wird bitter notwendig gebraucht, Herr – mag es sein, wozu es will".

„Haben Sie eins von diesen Papieren bei sich?" fragte Utterson.

Poole suchte in seinen Taschen und brachte einen verknitterten Zettel zum Vorschein, den der Anwalt sorgfältig prüfte, indem er ihn nahe an die Kerze hielt. Der Inhalt lautete:

„Dr. Jekyll sendet den Herren Maw seine Empfehlungen. Er versichert ihnen, daß ihre letztgesandte Probe unrein und für seine augenblicklichen Zwecke ganz wertlos ist. Im Jahre 18.. kaufte Dr. J. eine ziemlich große Quantität von den Herren M. Er bittet sie jetzt, mit der größten Sorgfalt nachsuchen zu lassen und, wenn noch etwas von derselben übrig sein sollte, ihm diese sofort zu liefern. Kosten spielen keine Rolle. Die Wichtigkeit der Lieferung für Dr. J. kann kaum genügend bezeichnet werden".

Soweit war der Brief ganz vernünftig abgefaßt; aber an dieser Stelle war die Aufregung des Schreibers plötzlich durchgebrochen: die Feder hatte einen großen Klecks gemacht, und eine Nachschrift lautete:

„Um Gottes willen! Finden Sie mir etwas von der alten Sorte!"

„Das ist ein sonderbarer Brief", sagte Utterson; dann fragte er in scharfem Ton:

„Wie kommen Sie dazu, daß Sie ihn offen bei sich haben?"

„Der Angestellte bei Maws war ganz wütend, Herr Utterson, und warf mir den Zettel zu, wie'n Stück Dreck!" antwortete Poole.

„Es ist doch unfraglich Herrn Doktors Handschrift, nicht wahr?" begann der Anwalt nach einer kleinen Weile wieder.

„Es kam mir so vor," sagte der Diener ziemlich verdrießlich; dann aber flüsterte er mit veränderter Stimme:

„Aber was kommt es auf die Handschrift an! Ich habe ihn gesehen!"

„Ihn gesehen?" wiederholte Utterson. „Nun?"

„Jawohl, gesehen", sagte Poole. „Es war so: Ich kam plötzlich vom Garten her ins Amphitheater. Er war, scheint's, rausgeschlüpft, um nach dieser Droge zu sehen oder nach sonst was, denn die Tür zum Studierzimmer stand offen, und er stand am andern Ende des Raumes und kramte unter den Kistendeckeln herum. Er sah auf, als ich hineinkam, stieß eine Art von Schrei aus und witschte die Treppe hinauf in sein Zimmer hinein. Es war bloß die eine einzige Minute, daß ich ihn sah – aber die Haare standen mir auf dem Kopf wie Federposen. Herr Utterson – wenn das mein Herr war, warum hatte er eine Maske vor seinem Gesicht? Wenn das mein Herr war, warum quiekte er auf wie eine Ratte und lief vor mir weg? Ich habe ihm lange genug gedient und dann …"

Der Mann stockte und fuhr sich mit der Hand über das Gesicht.

„Das sind lauter sehr sonderbare Umstände", sagte Utterson, „aber ich denke, ich fange an Tageslicht zu sehen! Euer Herr, Poole, ist offenbar von einer jener Krankheiten befallen, die große Schmerzen machen und zugleich den Leidenden entstellen; daher, nach meiner Meinung, die Veränderung der Stimme; daher die Maske und die Sucht, Begegnungen mit seinen Freunden zu vermeiden; daher der Eifer, diese Droge zu erhalten, durch deren Anwendung die arme Seele noch eine kümmerliche Hoffnung zu haben glaubt, schließlich wieder gesund zu werden – gebe Gott, daß er sich nicht täuschen möge! Das ist meine Erklärung – sie ist traurig genug, Poole, gewiß, und geradezu schrecklich, wenn man sie recht überdenkt; aber sie ist einfach und natürlich, paßt in allen Stücken gut zusammen und befreit uns von allen unnatürlichen Beunruhigungen".

„Herr Utterson", sagte der Diener und auf seinem bleichen Gesicht rief die Aufregung rote Flecken hervor: „Das Ding war nicht mein Herr – und das ist die Wahrheit! Mein Herr" – hier sah er sich rund um und senkte seine Stimme zum Flüstern – „ist ein großer, schöngewachsener Mann, und diese Gestalt war beinahe ein Zwerg".

Utterson machte einen Versuch, ihn von diesem Gedanken abzubringen, aber Poole rief:

„Oh! Herr! Glauben Sie, ich kenne meinen Herrn nicht, jetzt nach zwanzig Jahren? Glauben Sie, ich wisse nicht, wie hoch sein Kopf an dem Türpfosten seines Zimmers hinaufreicht, wo ich ihn jeden Morgen meines Lebens sah? Nein, Herr! Das Ding mit der Maske war nie und nimmer Dr. Jekyll – Gott weiß, was es war, aber Dr. Jekyll war es nie und nimmer; und ich glaube steif und fest: da ist ein Mord vollbracht worden".

„Poole", antwortete der Anwalt, „wenn Sie mir das sagen, wird es meine Pflicht sein, den Tatbestand festzustellen. So sehr ich auch wünsche, Ihres Herrn Gefühle zu schonen – und so rätselhaft mir auch dieser Brief ist, der zu beweisen scheint, daß er noch am Leben ist, so werde ich es doch als meine Pflicht ansehen, mit Gewalt seine Zimmertür erbrechen zu lassen".

„Ach, Herr Utterson, das ist einmal vernünftig gesprochen!" rief der Diener.

„Und jetzt kommt die zweite Frage", fuhr Utterson fort: „Wer soll das tun?"

„Nun, Herr – Sie und ich!" antwortete Poole ohne Zögern.

„Das war brav gesprochen", sagte der Anwalt, „und welche Folgen dann auch noch kommen mögen, ich werde dafür sorgen, daß Sie nicht dabei zu Schaden kommen".

„Im Theater ist ein Beil", fuhr Poole fort; „und Sie könnten für sich selber den Küchenschürhaken nehmen".

Der Anwalt nahm das plumpe, aber schwere Werkzeug und wog es in der Hand; dann sagte er, indem er den Diener ansah:

„Wissen Sie auch, Poole, daß wir beide im Begriff stehen, uns in eine ziemlich gefährliche Lage zu bringen?"

„Das können Sie wohl sagen, Herr Utterson".

„Nun, dann ist's auch richtig, daß wir offen miteinander sprechen! Wir denken uns beide mehr, als wir gesagt haben; wir wollen doch lieber frei von der Leber weg reden: diese maskierte Gestalt, die Sie sahen – erkannten Sie die?"

„Tja, Herr, – sie lief so geschwind, und das Geschöpf war so zusammengeduckt, daß ich kaum drauf schwören könnte, wen ich sah. Aber wenn Sie fragen wollen: war es der Herr Hyde? – na ja, ich denke, er war es! Sehen Sie: die Größe war so ziemlich dieselbe, und es waren auch seine schnellen, leichten Bewegungen; und dann – wer anders hätte durch die Laboratoriumstür hineinkommen können? Sie haben wohl nicht vergessen, Herr Utterson, daß er zur Zeit, als der Mord geschah, immer den Schlüssel bei sich hatte? Aber das ist noch nicht alles! Ich weiß nicht, Herr Utterson, ob Sie jemals diesem Herrn Hyde begegnet sind?"

„Ja," sagte der Anwalt, „ich sprach einmal mit ihm".

„Dann wissen Sie so gut wie all wir andern, daß an dem Herrn etwas Sonderbares war – etwas, wovor einem schauderte – ich weiß

Dr. Jekyll und Mr. Hyde

nicht recht, wie ich es ausdrücken soll, Herr; ich möchte sagen: man fühlte in seinem Mark eine Art Kälte und Schwäche".

„Ich gestehe, daß ich so etwas fühlte, wie Sie es da beschreiben", sagte Utterson.

„Ganz recht, Herr! Nun, als dieses maskierte Ding wie ein Affe von den chemischen Apparaten fortsprang und in das Arbeitszimmer witschte, da rann es mir wie Eis am Rückgrat herunter. Oh – ich weiß, das ist kein gültiger Zeugenbeweis, Herr Utterson; soviel habe ich auch aus Zeitungen und Büchern gelernt – aber ein Mensch hat seine Gefühle, und ich gebe Ihnen mein Bibelwort: es war Herr Hyde!"

„Ja, ja!" sagte der Anwalt. „Meine Befürchtungen gehen in dieselbe Richtung. Auf Bösem, fürchte ich, war diese Verbindung begründet – und Böses mußte die sichere Folge davon sein. Ja, in allem Ernst – ich glaube Ihnen, ich glaube, mein armer Henry ist ermordet worden; und ich glaube, sein Mörder haust immer noch im Zimmer des Opfers – zu welchem Zweck, das kann Gott allein sagen! Nun, so wollen wir die Rache vollziehen! Rufen Sie Bradshaw!"

Der Lakai kam auf die Aufforderung, aber sehr bleich und ängstlich.

„Rappeln Sie sich zusammen, Bradshaw!" sagte der Anwalt. „Ich weiß wohl, diese ungewisse Erwartung geht euch allen auf die Nerven; aber wir gedenken jetzt der Sache ein Ende zu machen. Poole und ich wollen mit Gewalt in das Zimmer eindringen. Wenn alles in Ordnung ist, sind meine Schultern breit genug, um die Verantwortung dafür auf mich zu nehmen. Indessen für den Fall, daß wirklich etwas Böses im Werk ist oder daß ein Verbrecher versuchen sollte, durch die Hintertür zu entkommen, müssen Sie und der Junge mit ein paar guten Stöcken um die Straßenecke herumgehen und sich an der Laboratoriumstür aufstellen. Wir geben euch zehn Minuten Zeit, um auf euren Posten zu kommen".

Als Bradshaw ging, sah der Anwalt nach seiner Uhr; dann sagte er: „Und nun, Poole, wollen wir auf unsere Posten gehen!" – nahm den Schürhaken unter den Arm und ging dem Diener voran in den Hof.

Die Regenwolken hatten sich über den Mond gezogen, und es war jetzt vollständig dunkel. Der Sturm, der nur stoßweise in den Hof eindrang, welcher zwischen den Gebäuden wie ein tiefer Brunnen lag, ließ das Licht ihrer Kerze hin und her flattern, bis sie in den Windschutz des Amphitheaters kamen, wo sie sich schweigend hinsetzten und warteten. Rings in der Runde brauste der ungeheure Lärm Londons, zu einem feierlichen Klang abgedämpft; aber ganz nahe bei ihnen wurde die Stille nur durch das Geräusch von Schritten unterbrochen, die im Studierzimmer unaufhörlich auf und ab gingen.

„So wandert es den ganzen Tag, Herr!" flüsterte Poole; „ja, und auch den größeren Teil der Nacht; nur wenn eine neue Probe vom Apotheker kommt, gibt es eine kleine Unterbrechung. Oh! das ist ein böses Gewissen, das solch ein Feind der Ruhe ist! O Herr – in jedem dieser Schritte ist reichlich vergossenes Blut! Aber horchen Sie, kommen Sie doch etwas näher – horchen Sie mit Ihrem ganzen Herzen, Herr Utterson, und sagen Sie mir: ist das des Doktors Schritt?"

Die Schritte waren leicht und unregelmäßig; es war ein gewisser Schwung in ihnen, obgleich sie langsam waren; der Schritt war tatsächlich verschieden von dem schweren Auftreten Henry Jekylls. Utterson seufzte und fragte:

„Hörten Sie niemals etwas anderes als diese Schritte?"

Poole nickte und sagte:

„Einmal. Einmal hörte ich es weinen!"

„Weinen, wieso?" rief der Anwalt, und ein kalter Schauder überrann ihn plötzlich.

„Weinen wie ein Weib oder eine verlorene Seele!" antwortete der Haushofmeister. „Es schnitt mir selber so ins Herz, daß auch ich hätte weinen mögen".

Aber die zehn Minuten waren jetzt zu Ende. Poole holte das Beil unter einem Haufen Packstroh hervor; die Kerze wurde auf den nächsten Tisch gesetzt, um ihnen bei dem Sturmangriff zu leuchten. Dann gingen sie mit angehaltenem Atem bis an die Tür heran, hinter der jener unermüdliche Fuß immer noch auf und ab ging – auf und ab, in der Ruhe der Nacht.

„Jekyll!" rief Utterson mit lauter Stimme, „ich wünsche dich zu sehen".

Er schwieg einen Augenblick, aber es kam keine Antwort.

„Ich warne dich allen Ernstes: Wir haben Verdacht, und ich muß und werde dich sehen – wenn nicht mit deiner Zustimmung, dann mit Gewalt!"

„Utterson," sagte die Stimme, „um Gottes willen, habe Erbarmen!"

„Ah! Das ist nicht Jekylls Stimme, das ist Hydes Stimme!" schrie Utterson. „Nieder mit der Tür!"

Poole schwang das Beil über seiner Schulter; der Schlag erschütterte das Gebäude, und die rote Friestür krachte gegen Schloß und Angeln an. Ein fürchterliches Kreischen, wie in reiner tierischer Angst, erklang aus dem Studierzimmer. Wieder ging das Beil hoch, und wieder krachten die Bretter und wankten die Pfosten. Viermal fiel der Schlag; aber das Holz war zäh, und die Tür war ausgezeichnet gearbeitet; und erst beim fünften Schlage sprang plötzlich das Schloß auf und die Trümmer der Tür fielen ins Zimmer hinein auf den Teppich.

Die Belagerer überfiel ein plötzliches Entsetzen in der Stille, die auf den von ihnen gemachten Lärm gefolgt war; sie traten ein wenig zurück und spähten in das Zimmer hinein. Da lag es vor ihren Augen in dem ruhigen Lampenlicht. Ein gutes Feuer leuchtete und knisterte im Kamin; der Teekessel summte seine feinen Melodien; ein paar Schubladen waren herausgezogen; auf dem Schreibtisch lagen die Papiere in guter Ordnung und näher am Feuer war alles sauber zum Teetrinken hergerichtet – man hätte sagen mögen: das friedlichste Zimmer in ganz London in dieser Nacht.

Mitten auf dem Teppich lag der Körper eines Mannes, dessen Glieder grausig verschlungen waren und noch zuckten. Die beiden Männer gingen auf den Fußspitzen heran, legten den Körper auf den Rücken und erblickten das Antlitz von Edward Hyde. Er trug Kleider, die ihm viel zu groß waren – Kleider für einen Mann von der Größe des Doktors; die Muskeln seines Gesichtes zuckten, wie wenn er noch lebte – aber das Leben war bereits ganz entschwunden, und an der zerbrochenen Phiole, die er in der Hand hielt, und an dem scharfen Geruch von bittern Mandeln, der die Luft erfüllte, erkannte Utterson, daß er den Leichnam eines Selbstmörders vor sich sah.

„Wir sind zu spät gekommen," sagte er ernst: „zu spät zu Rettung wie zu Bestrafung. Hyde ist gegangen, um seine Rechenschaft abzulegen; und uns bleibt nur noch übrig, die Leiche Ihres Herrn zu finden".

Bei weitem der größere Teil des Gebäudes wurde von dem Amphitheater eingenommen, das fast den ganzen Raum ausfüllte und von oben her sein Licht empfing, und von dem Arbeitszimmer, das an dem einen Ende ein oberes Stockwerk bildete und auf den Hof hinausging. Ein Korridor verband den Anatomiesaal mit der Hintertür in der Nebenstraße, und mit diesem Korridor stand auch das Arbeitszimmer noch außerdem durch eine zweite Treppe in Verbindung. Sonst waren nur noch ein paar dunkle Kammern und ein geräumiger Keller vorhanden. Alle diese Räume wurden jetzt von ihnen genau durchsucht. Jede Kammer erforderte nur einen Blick; denn sie waren alle leer und waren alle seit langer Zeit nicht geöffnet worden, wie aus dem Staub hervorging, der vor ihren Türen beim Öffnen herabfiel. Der Keller war allerdings mit allerlei Gerümpel angefüllt, das zum größten Teil noch von dem Chirurgen, Jekylls Vorgänger, herstammte; aber in dem Augenblick, als sie die Türe öffneten, wurde ihnen die Zwecklosigkeit einer weiteren Nachforschung im Keller klar, denn es fiel ein großes Spinngewebe herab, das seit Jahren schon diesen Eingang übersponnen hatte. Nirgends war eine Spur von einem toten oder lebenden Jekyll.

Poole stampfte auf die Fliesen des Korridors, lauschte auf den Klang und sagte:

„Er muß hier vergraben sein".

„Oder er kann auch geflohen sein", sagte Utterson und wandte sich nach der Hintertür, um auch diese zu untersuchen. Sie war verschlossen, und dicht neben ihr auf den Fliesen fanden sie den Schlüssel, der bereits verrostet war.

„Der sieht nicht danach aus, als ob er gebraucht worden wäre".

„Gebraucht?" wiederholte Poole. „Sehen Sie nicht, Herr Utterson, daß er zerbrochen ist? wie wenn jemand darauf herumgetrampelt hätte!"

„Jawohl", bestätigte Utterson, „und die Bruchstellen sind auch schon verrostet".

Die beiden Männer sahen einander entsetzt an.

„Dies geht über meine Begriffe, Poole!" sagte der Anwalt; „wir wollen wieder ins Arbeitszimmer gehen".

Schweigend stiegen sie die Treppe hinauf und gingen daran, mit einem gelegentlichen schaudernden Seitenblick auf den Leichnam, die Gegenstände in dem Zimmer gründlicher zu untersuchen. Auf dem einen Tisch befanden sich Spuren chemischer Arbeiten: verschiedene abgemessene Häufchen eines weißen Salzes waren auf kleine Glasschalen gelegt, wie für ein Experiment, in welchem der unglückliche Mensch unterbrochen worden wäre.

„Das ist dieselbe Droge, die ich ihm fortwährend brachte", sagte Poole; und er hatte diese Worte noch nicht beendigt, da kochte plötzlich der Teekessel mit starkem Zischen über. Dies veranlaßte sie, sich dem Kamin zuzuwenden, an den der Lehnstuhl bequem herangerückt war; das Teegeschirr stand fertig neben der Armlehne; der Zucker war sogar schon in die Tasse getan. Auf einem kleinen Gestell lagen mehrere Bücher; ein anderes Buch lag aufgeschlagen neben dem Teegeschirr, und Utterson fand zu seinem Erstaunen, daß es ein Andachtsbuch war, von welchem Jekyll zu verschiedenen Malen mit hoher Achtung gesprochen hatte – und dieses Buch war in seiner eigenen Handschrift am Rande mit entsetzlichen Gotteslästerungen versehen!

Ihre Durchsuchung des Zimmers führte sie hierauf zunächst an den Drehspiegel, in dessen Tiefen sie mit unwillkürlichem Schauder blickten. Aber er war so gedreht, daß er ihnen nichts zeigte, als den rötlichen Feuerschein, der auf der Zimmerdecke spielte, das lodernde Kaminfeuer, das sich hundertmal auf den Glasscheiben der Schränke ringsum wiederholte, und ihre eigenen bleichen, angstvollen Gesichter, die sich über ihn beugten.

„Dieser Spiegel hat manche seltsamen Dinge gesehen, Herr!" flüsterte Poole.

„Und gewiß ist nichts seltsamer, als dieser Spiegel selbst", sagte der Anwalt in demselben Flüsterton. „Wozu brauchte Jekyll –" bei diesem Wort fuhr er unwillkürlich zusammen; aber er überwand seine Schwäche und beendigte den Satz: „wozu konnte Jekyll ihn nötig haben?"

„Das mögen Sie wohl sagen!" sagte Poole.

Sodann wandten sie sich zu dem Arbeitstisch. Auf der Schreibmappe, die zwischen den sorgfältig geordneten Papieren lag, sahen sie obenauf einen großen Briefumschlag liegen, worauf in des Doktors Handschrift Uttersons Name geschrieben stand. Der Anwalt erbrach das Siegel, und verschiedene Einlagen fielen auf den Fußboden. Die erste war ein Testament, in denselben exzentrischen Ausdrücken abgefaßt, wie jenes, das er vor sechs Monaten zurückgegeben hatte; dieser Letzte Wille sollte als Testament im Falle des Todes und als Schenkung im Falle des Verschwindens dienen; aber statt des Namens Edward Hyde las der Anwalt zu seinem unbeschreiblichen Erstaunen den Namen Gabriel John Utterson. Er blickte auf Poole, und dann wieder auf das Papier, und zuletzt auf den toten Verbrecher, der auf dem Teppich ausgestreckt lag.

„Mir wirbelt der Kopf!" sagte er. „Er ist alle diese Tage über im Besitz dieses Testaments gewesen; er hatte keine Ursache mich zu lieben; er muß innerlich gewütet haben, sich selber als Erben verdrängt zu sehen – und trotzdem hat er dieses Schriftstück nicht vernichtet!"

Er nahm das nächste Papier auf; es war ein kurzer Brief in des Doktors Handschrift und am oberen Rande mit dem Datum versehen.

„Oh! Poole!" rief der Anwalt; „er war heute noch am Leben und hier in diesem Zimmer, er kann in einem so kurzen Zeitraum nicht beiseite geschafft worden sein – er muß noch am Leben, muß geflohen sein! Aber freilich – warum kann er geflohen sein? und wie? Und können wir in diesem Fall es wagen, diesen Selbstmord anzuzeigen? Oh, wir müssen vorsichtig sein. Ich sehe voraus, daß wir vielleicht Ihren Herrn in irgendeine schreckliche Katastrophe hineinverwickeln".

„Warum lesen Sie den Brief nicht, Herr Utterson?" fragte Poole.

„Weil ich Furcht habe," antwortete der Anwalt feierlich; „gebe Gott, ich möge keine Ursache dazu haben!"

Und er hielt das Blatt dicht an seine Augen und las folgendes:

„Mein lieber Utterson – wenn dies in Deine Hände gerät, werde ich verschwunden sein; unter was für Umständen, das vorauszusehen ist mein Scharfsinn nicht imstande; aber mein Instinkt und alle Umstände meiner unbeschreiblichen Lage sagen mir, daß das Ende gewiß ist und bald kommen muß. So lies denn zuerst den Bericht, den Lanyon, wie er mir mitteilte, Deinen Händen anzuvertrauen gedachte; und wenn Du dann noch mehr hören magst, lies auch die Beichte Deines unwürdigen und unglücklichen Freundes Henry Jekyll".

„Es war noch eine dritte Einlage da?" fragte Utterson.

„Hier, Herr!"

Und Poole reichte ihm ein ziemlich dickes Paket, das an verschiedenen Stellen versiegelt war.

Der Anwalt steckte es in seine Tasche und sagte zu dem Haushofmeister:

„Ich will von diesem Papier nichts sagen. Wenn Ihr Herr entflohen oder tot ist, wollen wir doch wenigstens seinen guten Namen retten. Es ist jetzt zehn Uhr; ich muß nach Hause gehen und diese Schriftstücke in Ruhe lesen; aber ich werde vor Mitternacht wieder hier sein, und dann wollen wir nach der Polizei schicken".

Sie gingen hinaus und verschlossen die Tür des Amphitheaters hinter sich. Die Dienerschaft blieb am Kamin in der Halle, in Grauen und Angst sich zusammendrängend. Utterson aber eilte in seine Wohnung zurück, um die beiden Berichte zu lesen, durch die dieses Geheimnis jetzt seine Aufklärung finden sollte.

Dr. Lanyons Bericht

Am 9. Januar, heute vor vierzehn Tagen, erhielt ich mit der Abendpost einen eingeschriebenen Brief, der von der Hand meines Kollegen und alten Schulkameraden Henry Jekyll überschrieben war. Ich war sehr überrascht; denn wir pflegten nicht schriftlich miteinander zu verkehren. Ich hatte ihn erst am Abend vorher gesehen und mit ihm zusammen gespeist, und ich konnte mir nicht denken, daß etwas in unserem Verkehr die Förmlichkeit eines eingeschriebenen Briefes notwendig machen könnte. Der Inhalt des Briefes vermehrte meine Verwunderung; denn er lautete folgendermaßen:

„Lieber Lanyon – Du bist einer meiner ältesten Freunde, und obwohl wir vielleicht zeitweise in wissenschaftlichen Fragen verschiedener Meinung gewesen sind, kann ich mich doch nicht erinnern, daß unsere freundschaftliche Zuneigung jemals einen Bruch erlitten habe – wenigstens ist das auf meiner Seite nicht der Fall gewesen. Niemals hat es einen Tag gegeben, an dem ich nicht, wenn Du zu mir gesagt hättest: 'Jekyll, mein Leben, meine Ehre, meine Vernunft hängen von Dir ab' – ohne Bedenken sofort mein Vermögen oder meine linke Hand geopfert haben würde, um Dir zu helfen. Lanyon! Mein Leben, meine Ehre, meine Vernunft stehen ganz und gar in Deiner Hand; wenn Du mich heute abend im Stich läßt, bin ich verloren.

Du könntest, nach dieser Vorrede, vielleicht annehmen, daß ich vielleicht etwas Unehrenhaftes von Dir verlangen wollte. Urteile selber:

Ich bitte Dich, für heute abend alle anderen Verpflichtungen hintenanzusetzen – ja, selbst wenn Du an das Krankenbett eines Kaisers gerufen würdest! Ich bitte Dich, eine Droschke zu nehmen, wenn nicht etwa Dein eigener Wagen gerade in dieser Minute vor Deiner Tür steht, und mit diesem Briefe in der Hand auf dem nächsten Wege nach meinem Hause zu fahren. Mein Haushofmeister Poole hat seine Befehle; Du wirst ihn mit einem Schlosser auf Deine Ankunft wartend finden. Hierauf ist die Tür meines Arbeitszimmers zu erbrechen. Dann mußt Du allein hineingehen, den mit dem Buchstaben E bezeichneten Glasschrank zur linken Hand öffnen, sollte er verschlossen sein, das Schloß erbrechen, und mit dem gesamten Inhalt, wie er steht und geht, die vierte Schieblade von oben herausziehen – oder, was dasselbe ist, die dritte von unten. In meiner ungeheuren Aufregung habe ich eine Todesangst, Dir eine falsche Bezeichnung zu geben; aber selbst wenn ich mich irren sollte, kannst Du die richtige Schieblade an ihrem Inhalt erkennen: dieser besteht aus mehreren Pulvern, einer Phiole und einem Notizbuch. Diese Schieblade bitte ich Dich mit Dir nach Deiner Wohnung am Cavendish Square zu nehmen, und zwar genau so wie Du sie vorfindest.

Dies ist der erste Teil des Dienstes, den ich von Dir erbitte; jetzt zum zweiten! Wenn Du sofort nach Empfang dieses Briefes Dich aufmachst, solltest Du lange vor Mitternacht wieder zu Hause sein; aber ich will die Frist bis dahin ausdehnen – nicht nur in der Befürchtung, daß eines von jenen Hindernissen eintritt, die sich weder verhindern noch voraussehen lassen, sondern auch weil eine Stunde, zu der Deine Diener im Bett liegen, für das, was dann noch zu tun bleiben wird, vorzuziehen ist. Ich bitte Dich also, punkt zwölf Uhr nachts allein in Deinem Konsultationszimmer zu sein, eigenhändig einen Mann, der sich in meinem Namen vorstellen wird, in Dein Haus einzulassen und ihm die Schieblade zu übergeben, die Du aus meinem Arbeitszimmer mitgebracht haben wirst. Damit wirst Du Deine Aufgabe erfüllt und Dir meine vollständigste Dankbarkeit erworben haben. Fünf Minuten später wirst Du, wenn Du auf einer Erklärung bestehst, begriffen haben, daß diese Anordnungen von einer Wichtigkeit auf Leben und Tod sind, und daß die Vernachlässigung einer einzigen von ihnen, so phantastisch sie Dir auch erscheinen müssen, Dein Gewissen vielleicht mit meinem Tod oder mit dem Zusammenbruch meiner Vernunft hätte belasten können.

Obgleich ich die Zuversicht hege, daß Du diese Anrufung Deiner Freundschaft nicht als etwas Gleichgültiges behandeln willst, stockt mir der Herzschlag und zittert mir die Hand bei dem bloßen Gedanken an eine solche Möglichkeit. Stelle Dir vor, daß ich in dieser Stunde, an einem unheimlichen Ort, unter einer schwarzen Verzweiflung leide, die keine Phantasie übertreiben kann, und daß ich trotzdem gewiß weiß, daß meine Not vorüber sein wird wie eine Geschichte, wenn sie erzählt ist, sobald Du nur meine Bitte pünktlich erfüllen willst. Hilf mir, mein lieber Lanyon, und rette

Deinen Freund
H. J.

Nachschrift: Ich hatte diesen Brief bereits versiegelt, als ein neuer Schrecken meine Seele ergriff. Es ist möglich, daß der Postdienst versagt, und daß dieser Brief erst morgen früh in Deine Hände kommt. In diesem Fall, lieber Lanyon, erfülle meine Bitte im Laufe des Tages zu einer Stunde, die Dir am besten paßt, und erwarte meinen Boten ebenfalls um Mitternacht. Vielleicht ist es dann schon zu spät, und wenn diese zweite Nacht ohne die Ankunft des Boten vorübergeht, wirst Du wissen, daß Du von Henry Jekyll das Letzte gesehen hast".

Als ich diesen Brief gelesen hatte, war ich überzeugt, daß mein Kollege wahnsinnig sei; aber solange mir dies nicht mit Ausschluß jeder Möglichkeit eines Zweifels bewiesen war, fühlte ich mich verpflichtet, sein Begehren zu erfüllen. Je weniger ich von diesem Unsinn verstand, desto weniger befand ich mich auch in der Lage, die Wichtigkeit des Geschreibsels zu beurteilen, und ein Aufruf, der in solchen Worten an mich erging, konnte von mir nicht unberücksichtigt gelassen werden, ohne mich einer schweren Verantwortlichkeit auszusetzen. Ich stand daher von meinem Abendessen auf, setzte mich in einen Hansom und fuhr stracks nach Jekylls Haus. Der Haushofmeister wartete bereits auf meine Ankunft; er hatte mit der gleichen Abendpostbestellung wie ich einen eingeschriebenen Brief mit den entsprechenden Vorschriften erhalten und sofort nach einem Schlosser und nach einem Tischler geschickt. Die Handwerker kamen, während wir noch miteinander sprachen, und wir gingen alle zusammen in das anatomische Amphitheater des alten Dr. Denman, durch welches man – wie Dir zweifelsohne bekannt ist – am bequemsten in Jekylls Arbeitszimmer gelangt. Die Tür war sehr stark, das Schloß ausgezeichnet; der

Tischler erklärte, er würde große Mühe haben und viel Schaden anrichten müssen, wenn die Tür mit Gewalt erbrochen werden müßte, und der Schlosser war beinahe in Verzweiflung. Aber dieser letztere war ein geschickter Arbeiter, und nach zweistündiger Anstrengung war die Tür offen. Der Glasschrank mit dem Buchstaben E wurde aufgeschlossen, ich zog die Schieblade heraus, ließ sie mit Stroh ausfüllen und in ein Leintuch einwickeln und fuhr damit nach Cavendish Square zurück.

Hier machte ich mich daran, den Inhalt der Schieblade zu untersuchen. Die Pulver waren sauber genug verpackt, aber doch nicht so exakt, wie ein Apotheker von Beruf es macht; sie waren also offenbar von Jekyll selber angefertigt; und als ich eins von den Päckchen öffnete, fand ich ein Pulver, das mir ein einfaches, kristallisches Salz von weißer Farbe zu sein schien. Die Phiole, auf die ich sodann meine Aufmerksamkeit richtete, mag etwa halbvoll von einer blutroten Flüssigkeit gewesen sein, die sehr scharf und stechend roch und mir Phosphor und irgendeinen flüchtigen Äther zu enthalten schien. Welche Bestandteile sie sonst noch enthalten mochte, konnte ich nicht vermuten. Das Buch war ein gewöhnliches Schulheft und enthielt wenig mehr als eine Reihe von Datum-Eintragungen. Diese erstreckten sich über einen Zeitraum von sieben Jahren; aber ich bemerkte, daß die Eintragungen vor etwa einem Jahr ganz plötzlich aufgehört hatten. Hier und da war einem Datum eine kurze Bemerkung beigefügt, gewöhnlich nicht mehr als ein einziges Wort: „doppelt". Dies kam vielleicht sechsmal unter mehreren hundert Eintragungen vor. Einmal, und zwar ziemlich zu Anfang der Liste, und mit mehreren Ausrufungszeichen versehen, hieß es: „vollkommen mißglückt!!!!"

Dies alles stachelte zwar meine Neugier an, aber es sagte mir wenig Bestimmtes. Hier war eine Phiole mit irgendeiner Flüssigkeit, ein Papier mit irgendeinem Salz, und die Aufzählung einer Reihe von Experimenten, die – wie nur zu viele von Jekylls Forschungen

– zu einem tatsächlichen, brauchbaren Ergebnis nicht geführt hatten. Wie konnte die Anwesenheit dieser Gegenstände in meinem Hause die Ehre, die geistige Gesundheit oder das Leben meines phantasievollen Kollegen im geringsten berühren? Wenn sein Bote in mein Haus gehen konnte, warum konnte er nicht auch in ein anderes gehen? Und selbst wenn ich zugeben wollte, daß irgendein Hindernis dagegen sprechen könnte – warum mußte dieser Herr von mir im geheimen empfangen werden?

Je mehr ich darüber nachdachte, desto mehr wuchs meine Überzeugung, daß ich es mit einem Fall von Gehirnkrankheit zu tun hätte; und obgleich ich meine Dienerschaft zu Bett schickte, lud ich einen alten Revolver, um mich im Notfall einigermaßen verteidigen zu können.

Kaum hatte es auf den Londoner Kirchtürmen zwölf Uhr geschlagen, da schlug der Klopfer sehr leise an meine Haustür. Ich ging selber hin und fand einen kleinen Mann, der sich gegen die Säulen des Portals drückte.

„Kommen Sie von Dr. Jekyll?" fragte ich ihn.

Er antwortete mir „ja", wobei er sich sichtlich Zwang antat; und als ich ihn einzutreten bat, folgte er mir, nicht ohne einen forschenden Blick hinter sich in die Dunkelheit des Square zu werfen. In kurzer Entfernung näherte sich ein Schutzmann mit geöffneter Gürtellaterne, und es kam mir vor, wie wenn bei dessen Anblick mein Besucher zusammenführe und hastiger in mein Haus hineinschlüpfte.

Ich gestehe, daß diese Wahrnehmungen mich unangenehm berührten; und als ich hinter ihm her in mein hellerleuchtetes Konsultationszimmer ging, hielt ich meine Hand an meiner Waffe. Hier konnte ich ihn endlich deutlich sehen. Er war mir nie zuvor zu Gesicht gekommen – soviel war gewiß. Er war klein, wie ich bereits gesagt habe; außerdem fiel mir sein abstoßender Gesichtsausdruck auf, mehr noch eine anscheinend große Muskelstärke, die mit einer sichtlich schwachen Gesundheit verbunden war; am allermeisten aber – obgleich ich dies zuletzt erwähne – die seltsame Störung, die seine Nähe in meinen eigenen Nerven hervorrief. Es war, wie wenn eine Art Starrkrampf mich erfassen wollte, der sich durch ein auffallendes Sinken des Pulsschlages ankündigte. In jenem Augenblick erklärte ich mir diese Erscheinung durch eine Art von ideosynkratischem persönlichem Ekel und wunderte mich nur darüber, daß die Symptome sich so scharf kundgaben; seitdem aber erhielt ich Grund zu glauben, daß die Ursache viel tiefer in der Natur des Menschen lag und von edlerer Art war, als ein bloß persönlicher Haß.

Der Mann – der gleich beim ersten Anblick in mir ein Gefühl erweckt hatte, das ich nur als eine von Ekel begleitete Neugier beschreiben kann – war in einer Weise gekleidet, die einen Menschen gewöhnlicher Art lächerlich gemacht haben würde: seine Kleider waren nämlich, obgleich sie aus sehr gutem und unauffälligem Stoff bestanden, ungeheuer viel zu groß für ihn – der Hosenboden hing tief auf seine Schenkel herunter, und die Beinlinge waren aufgekrempelt, um sie von der Berührung des Bodens abzuhalten; die Weste ging bis über die Hüften herab, und der Hemdkragen saß ihm mitten auf den Schultern. Merkwürdig zu berichten: ich konnte über diesen lächerlichen Anzug durchaus nicht lachen, im Gegenteil – wie schon etwas Unnormales, Mißgeschaffenes im Wesen selbst dieser mir gegenüberstehenden Gestalt lag – etwas Packendes, Überraschendes und Empörendes – so schien dieser unpassende Anzug nur dazu zu passen; und so kam zu meinem Interesse für die Natur und den Charakter dieses Menschen noch ein neugieriger Wunsch hinzu, etwas über seine Herkunft, sein Leben und seine Stellung in der Welt zu erfahren.

Diese Beobachtungen, deren Niederschrift hier einen so großen Raum eingenommen hat, wurden indessen in wenigen Sekunden von mir gemacht. Schon deshalb, weil mein Besucher vor Aufregung glühte und mit dem Ausruf auf mich losfuhr: „Haben Sie es? Haben Sie es?"

Und seine Ungeduld war so lebhaft, daß er sogar seine Hand auf meinen Arm legte und mich zu schütteln versuchte.

Ich fühlte bei dieser Berührung einen eiskalten Schlag in meinem Blut, schob ihn von mir hinweg und sagte:

„Bitte, mein Herr, Sie vergessen, daß ich noch nicht das Vergnügen Ihrer Bekanntschaft habe. Nehmen Sie bitte Platz".

Und ging ihm mit dem Beispiel voran und setzte mich selber auf den Stuhl, auf dem ich bei Konsultationen zu sitzen pflege. Ich versuchte dies mit derselben Miene zu tun, mit der ich meine Patienten empfange, wenn sie mich um Rat fragen. Es mag mir allerdings in dieser vorgerückten Stunde und infolge meiner Zweifel, sowie des Abscheues, den ich gegen meinen Besucher empfand, nicht ganz gelungen sein.

„Ich bitte Sie um Verzeihung, Dr. Lanyon", antwortete er mir ganz höflich. „Was Sie da sagen, ist vollkommen berechtigt – meine Ungeduld hat meiner Höflichkeit einen Streich gespielt. Ich komme zu Ihnen auf Veranlassung Ihres Kollegen, Dr. Henry Jekyll, in einer Angelegenheit von recht großer Bedeutung, und ich war der Meinung ...", er stockte und fuhr mit der Hand an seinen Hals, und ich konnte, obwohl er sich zusammennahm, deutlich sehen, daß er gegen einen beginnenden hysterischen Anfall zu kämpfen hatte, „ich war der Meinung, eine Schieblade ..."

Die Aufregung meines Besuchers tat mir leid; vielleicht veranlaßte mich auch meine immer mehr sich steigernde Neugier, ihm zu sagen:

„Da ist sie!"

Und damit deutete ich auf die Schieblade, die hinter einem Tisch auf dem Fußboden lag und wieder in das Tuch eingewickelt war.

Er sprang auf sie zu, blieb vor ihr stehen und preßte seine Hand auf das Herz; ich konnte seine Zähne wie bei einem Kinnbackenkrampf knirschen hören, und sein Gesicht war so entsetzlich anzusehen, daß ich für sein Leben und seinen Verstand zu fürchten begann.

„Fassen Sie sich", sagte ich.

Er wandte sich mit einem fürchterlichen Lächeln zu mir um und riß dann, wie wenn ihn die Verzweiflung zu einem Entschluß triebe, das Tuch von der Schieblade hinweg. Beim Anblick des Inhalts stieß er einen lauten Seufzer so ungeheurer Erleichterung aus, daß ich wie versteinert dasaß. Und im nächsten Augenblick fragte er mich mit einer Stimme, die er schon wieder so ziemlich in seiner Gewalt hatte:

„Haben Sie ein gradiertes Glas?"

Ich stand mit einer ziemlichen Anstrengung von meinem Stuhl auf und gab ihm das Gewünschte.

Er dankte mir lächelnd mit einem Nicken, maß eine winzige Menge von der roten Tinktur ab und schüttete eines von den Pulvern dazu. Die Mischung, die anfangs eine rötliche Farbe gehabt hatte, begann, je mehr die Kristalle schmolzen, dunkler zu werden, hörbar zu brausen und kleine Rauchwolken auszustoßen. Plötzlich, und zwar gleichzeitig, hörte das Brausen auf, und die Farbe wurde dunkelpurpurrot, um sich dann, aber langsamer, in ein wässeriges Grün zu verwandeln. Mein Besucher, der diese Wandlungen mit scharfem Blick beobachtet hatte, lächelte, setzte das Glas auf den Tisch, drehte sich dann um und sah mich mit forschender Miene an.

„Und jetzt", sagte er, „müssen wir uns noch wegen des übrigen verständigen. Wollen Sie weise sein? Wollen Sie einem guten Rat folgen? Wollen Sie mich dies Glas in meine Hand nehmen und mich aus Ihrem Hause entfernen lassen, ohne daß wir weiter über diese Sache reden? Oder ist Ihre Neugier zu stark? Überlegen Sie, bevor Sie antworten – denn es soll so geschehen, wie Sie sich entscheiden. Je nach Ihrer Entscheidung soll alles sein wie zuvor, und Sie werden weder reicher noch klüger sein, abgesehen davon, daß das Gefühl, einem Menschen in Todesnot geholfen zu haben, zu den Reichtümern der Seele gezählt werden kann. Oder, wenn Sie dies vorziehen, es wird ein neuer Bereich des Wissens, es werden neue Wege zu Ruhm und Macht Ihnen eröffnet werden – hier, in diesem Zimmer, in diesem Augenblick; und Ihre Augen sollen begnadet werden mit dem Anblick eines Wunders, das den Unglauben Satans erschüttern würde!"

„Mein Herr", sagte ich mit einer angenommenen Kühle, die ich in Wirklichkeit keineswegs fühlte, „Sie sprechen in Rätseln und werden sich vielleicht nicht darüber wundern, daß Ihre Worte keinen sehr starken Eindruck von Glaubwürdigkeit auf mich machen. Aber ich bin mit meinen mir selber rätselhaften Diensten zu weit gegangen, als daß ich aufhören möchte, bevor ich auch das Ende gesehen habe".

„Gut!" erwiderte mein Besucher. „Lanyon, Sie erinnern sich Ihrer Gelübde: was jetzt folgt, ist dem Siegel unserer Amtsverschwiegenheit anvertraut. Und jetzt – Sie, der Sie so lange in den engsten, materiellsten Ansichten befangen waren, Sie, der Sie die Bedeutung der transzendentalen Medizin geleugnet haben, Sie, der Sie Männer, die über Ihnen stehen, verlacht haben – sehen Sie!"

Er setzte das Glas an seine Lippen und trank es mit einem Schluck aus. Dann folgte ein Schrei; er schwankte, taumelte, griff nach dem Tisch und hielt sich an diesem fest, mit verdrehten Augen vor sich hinstarrend, mit offenem Munde keuchend – und als ich auf ihn hinsah, da kam, so schien es mir, eine Veränderung: er schien anzuschwellen, sein Antlitz wurde plötzlich schwarz, seine Gesichtszüge schienen zu schmelzen und sich zu ändern – und im nächsten Augenblick war ich auf meine Füße gesprungen und gegen die Wand zurückgetaumelt und erhob meinen Arm, um mich gegen das Ungeheuerliche zu wehren. Meine Seele ganz von Entsetzen erfüllt, schrie ich: „O Gott!" und immer wieder und wieder: „O Gott!"

Denn dort vor meinen Augen, bleich und zitternd und halb ohnmächtig und mit den Händen vor sich hintastend, wie ein Mensch, der von dem Tode auferstanden ist – stand Henry Jekyll!

Was er mir in der nächsten Stunde erzählte, kann ich mich nicht entschließen zu Papier zu bringen. Ich sah, was ich sah – ich hörte, was ich hörte – und meine Seele wurde krank davon. Und doch: jetzt, da der Anblick aus meinen Augen entschwunden ist, frage ich mich selber, ob ich es glaube – und kann darauf nicht antworten.

Mein Leben ist bis in seine Wurzeln erschüttert; kein Schlaf kommt mehr zu mir; tödlichste Angst sitzt bei mir in jeder Stunde des Tages und der Nacht; ich fühle, daß meine Tage gezählt sind und daß ich sterben muß; und doch werde ich ungläubig sterben.

An die moralische Schändlichkeit, die jener Mensch mir, wenn auch unter Tränen der Reue, enthüllte, kann ich selbst in der Erinnerung nicht denken, ohne vor Entsetzen aufzufahren. Ich will nur eins sagen, Utterson, und dies – wenn Du Dich entschließen kannst, es zu glauben – wird mehr als genug sein: Das Geschöpf, das in jener Nacht in mein Haus kroch, war nach Jekylls eigenem Geständnis bekannt unter dem Namen Hyde und wurde in jedem Winkel des Landes verfolgt als der Mörder Carews.

Hastie Lanyon

Henry Jekylls vollständiger Bericht über den Fall

Ich wurde geboren im Jahre 18.. als Erbe eines großen Vermögens; ich besaß außerdem vortreffliche Anlagen, war von Natur fleißig, begierig nach der Achtung der Weisen und Guten unter meinen Mitmenschen, und so war mir, hätte man annehmen sollen, jede Gewähr einer ehrenvollen, ausgezeichneten Laufbahn gegeben. In der Tat war der schlimmste meiner Fehler nur eine gewisse ungeduldige Lebenslust, wie sie manchen Menschen glücklich gemacht hat, die ich aber schwer mit meinem gebieterischen Wunsch zu vereinbaren fand, meinen Kopf hoch zu tragen und vor der Welt als ein ungewöhnlich ernster Mann zu erscheinen. So kam es, daß ich meine Vergnügungen verheimlichte; und als ich in die Jahre des Nachdenkens kam, um mich zu blicken begann und mir über meine Fortschritte und meine Stellung in der Welt Rechenschaft ablegte, da fand ich, daß ich bereits tief in ein Doppelleben verstrickt war. Mancher Mensch würde mit solchen Ausschweifungen, wie ich sie mir habe zuschulden kommen lassen, sogar sich gebrüstet haben; aber in Anbetracht der hohen Ziele, die ich mir gesteckt hatte, verbarg ich sie mit einem fast krankhaften Schamgefühl.

So war es wohl mehr die hochfliegende Art meines Strebens, als eine besondere Niedrigkeit meiner Fehler, die mich zu dem machten, was ich war, und durch eine tiefere Kluft, als bei der Mehrheit der Menschen, in mir die Bereiche des Guten und des Bösen schied, die die zwiefache Natur des Menschen teilen und verbinden. In dieser meiner Lage wurde ich dazu getrieben, tief und anhaltend über jenes harte Gesetz des Lebens nachzudenken, das eine der Wurzeln der Religion bildet und eine der reichlichst fließenden Quellen von Angst und Pein ist. Ich war eine ausgesprochene Doppelnatur, aber durchaus kein Heuchler; beide Seiten meines Wesens waren vollkommen ernst gemeint und aufrichtig: ich war genau so ich selber, wenn ich alle Zurückhaltung fahren ließ und mich in Sünden wälzte, wie wenn ich vor den Augen der Welt an der Förderung des Wissens arbeitete, oder Sorgen und Leiden milderte. Und es fügte sich so, daß die Richtung meiner wissenschaftlichen Studien, die ganz und gar auf das Mystische und Transzendentale hinarbeiteten, rückwirkte und mein Bewußtsein des ewigen Kampfes innerhalb meiner körperlichen Gestaltung in ein helles Licht setzte. Mit jedem Tage und von beiden Seiten meiner Geistigkeit, der moralischen und der verstandesmäßigen, näherte ich mich unentwegt jener Wahrheit, deren leider nur unvollständige Entdeckung mich zu einem so furchtbaren Zusammenbruch verurteilte: der Wahrheit, daß der Mensch nicht ein Mensch ist, sondern in Wirklichkeit aus zwei Menschen besteht. Ich sage: zwei, weil der Stand meines eigenen Wissens nicht hierüber hinausreicht. Andere Forscher werden mir folgen, andere werden auf demselben Wege weiterkommen als ich, und ich wage zu vermuten, daß man schließlich wissen wird: der einzelne Mensch ist weiter nichts als eine Gemeinde von mannigfaltigen, ungleichartigen und unabhängigen Bürgern.

Ich selber, so lag es in der Natur meines Lebens, machte unwandelbare Fortschritte in einer Richtung und nur in dieser einen. Auf der moralischen Seite und an meiner eigenen Person lernte ich die gründliche und ureigene Dualität des Menschen erkennen. Ich sah, daß, wenn man mit Recht von mir sagen konnte, ich sei eine von den beiden Naturen, die auf dem Felde meines Bewußtseins sich bekämpften, dies nur deshalb war, weil beide Naturen die Wurzel meines Lebens bildeten. Und schon früh, lange bevor der Verlauf meiner wissenschaftlichen Entdeckungen mich die nackte Wirklichkeit eines solchen Wunders ahnen zu lassen begann, hatte ich oft mit Vergnügen bei dem Gedanken einer Scheidung dieser Elemente verweilt, wie bei einem lieben Traum im Wachen. Wenn nur, so sagte ich mir selber, jede von diesen Naturen in getrennten körperlichen Einheiten untergebracht werden könnte, würde das Leben von allem Unerträglichen erleichtert sein: Der Ungerechte könnte seiner Wege gehen, befreit von Bestrebungen der Gewissensbisse, seines ehrlicheren Zwillingsbruders – und der Gerechte könnte standhaft und sicher seinen Pfad zum Himmel emporgehen, das Gute tun, woran er seine Freude fände, und würde nicht länger von Schande und Reue durch das außerhalb seines Ich liegende Böse bedroht sein. Es war der Fluch der Menschheit, daß diese nicht zueinander passenden Bestandteile auf solche Weise zusammengeschnürt waren – daß in dem von Schmerzen gepeinigten Mutterleib des Bewußtseins diese Gegenpol-Zwillinge unaufhörlich miteinander kämpfen mußten. Wie sollten sie denn nun voneinander getrennt werden?

So weit war ich in meinen Gedankengängen gekommen, als vom Experimentiertisch, wie ich bereits sagte, ein Seitenlicht auf diesen Gegenstand zu strahlen begann. Ich begann tiefer in diese Frage einzudringen, als alle Forscher, die bis jetzt darüber etwas veröffentlicht haben, und bemerkte die zitternde Unkörperlichkeit, den nebelgleichen Übergangszustand dieses scheinbar so gediegenen Körpers, in welchem eingehüllt wir durch die Welt gehen. Ich fand, daß gewisse Triebkräfte die Macht haben, dieses fleischliche Kleid zu erschüttern und abzustreifen, wie etwa ein Windstoß die Leinwandbahnen eines Zeltes hin und her wirft.

Aus zwei guten Gründen will ich nicht tiefer auf diese wissenschaftliche Seite meiner Beichte eingehen:

Erstens, weil ich habe erfahren müssen, daß der Fluch und die Bürde des Lebens dem Menschen für ewig auf die Schultern gelegt ist, und daß der Versuch, diese abzuschütteln, vergeblich ist, da sie sich immer wieder auf uns legt, nur unbequemer und drückender.

Zweitens, weil aus meiner Erzählung leider nur zu deutlich hervorgehen wird, daß meine Entdeckungen unvollständig waren.

Genug also: Ich erkannte nicht nur, daß mein natürlicher Leib weiter nichts als ein Dunstkreis und eine Ausstrahlung einiger von den Kräften ist, aus denen mein Geist zusammengesetzt ist, sondern es gelang mir auch, einen Trank zu mischen, durch den diese Kräfte, die bisher die Oberherrschaft gehabt hatten, entthront werden konnten, so daß an ihre Stelle eine zweite Form und äußere Gestalt trat, die nicht weniger meine eigene Natur waren, denn sie waren der Ausdruck und trugen den Stempel niedrigerer Elemente in meiner Seele.

Ich zögerte lange, bis ich diese Theorie auf die Probe eines praktischen Versuches stellte. Ich wußte wohl, daß ich mein Leben wagte; denn ein Trank, der die eigentliche Zitadelle meiner Wesenheit so machtvoll beherrschte und erschütterte, konnte durch ein allergeringstes Zuviel eines seiner Bestandteile oder durch das geringste Versehen im Augenblick der Anwendung das unkörperliche Sakramentshaus, dessen Veränderung ich von ihm erwartete, gänzlich zerstören. Aber die Versuchung, eine so eigenartige und tiefwirkende Entdeckung zu machen, war schließlich stärker als die Einreden meiner Furcht. Ich hatte meine Tinktur längst zusammengestellt; ich kaufte von einer Großhandlung für Apothekerwaren eine bedeutende Menge eines gewissen Salzes, das, wie ich von meinen Versuchen wußte, der letzte erforderliche Bestandteil war. Und in später Stunde einer verfluchten Nacht mischte ich die Elemente, sah sie im Glase sprudeln und rauchen, und als das Sprudeln aufgehört hatte, erblühte ich von einem starken Mut, und ich trank.

Es folgten entsetzlich folternde Schmerzen: ein Schroten in den Knochen, eine tödliche Übelkeit und ein Grausen des Geistes, wie es in der Stunde der Geburt oder des Todes nicht ärger sein kann. Aber schnell ließen die Schmerzen nach, und ich kam wieder zu mir selber, wie wenn ich von einer schweren Krankheit genesen wäre. Es war etwas Seltsames in meinem Empfinden, etwas unbeschreiblich Neues und eben wegen seiner Neuheit unglaublich Süßes. Ich fühlte mich körperlich jünger, leichter, glücklicher; in meinem Inneren war ich mir einer stürmischen Sorglosigkeit bewußt; eine Flucht ungeordneter wollüstiger Bilder rann wie ein Mühlbach durch meine Phantasie; ich fühlte mich von den Banden der Pflicht befreit; ich empfand eine unbekannte, aber nicht unschuldige Freiheit der Seele. Mit dem ersten Atemzug, den ich in diesem neuen Leben tat, wußte ich, daß ich sündhafter, zehnfach sündhafter sei: ein Sklave des Urbösen in mir; und dieser Gedanke erfrischte und entzückte mich in diesem Augenblick wie Wein. Frohlockend über die Frische dieser Empfindungen, streckte ich meine Hände aus; und wie ich dies tat, bemerkte ich plötzlich, daß ich an Körpergröße verloren hatte.

In meinem Zimmer war damals kein Spiegel; der Spiegel, der in diesem Augenblick, da ich schreibe, neben mir steht, wurde erst später aufgestellt, und zwar gerade zu dem Zwecke dieser Verwandlung. Die Nacht war fast schon Morgen geworden – der Morgen, schwarz und finster noch, war fast reif schon die Geburt des Tages – die Insassen meines Hauses lagen zu dieser Stunde im festesten Schlaf; und in meiner überschwellenden Hoffnung und Siegesfreudigkeit beschloß ich das Wagnis, in meiner neuen Gestalt in mein Schlafzimmer zu gehen. Ich ging über den Hof, wo die Sternbilder, ich hätte sagen mögen, um meine Gedanken auszusprechen: mit Verwunderung auf mich herniederblickten, das erste Geschöpf dieser Art, das ihre niemals schlafende Wachsamkeit ihnen gezeigt hatte; ich schlich durch die Korridore, ein Fremdling in meinem eigenen Haus; und als ich in mein Zimmer trat, sah ich zum erstenmal die Gestalt von Edward Hyde.

Was ich jetzt sage, ist nur Theorie; ich sage nicht etwas, das ich weiß, sondern was nach meiner Annahme höchst wahrscheinlich ist. Der böse Teil meiner Natur, den ich jetzt verkörpert hatte, war weniger kräftig und weniger entwickelt als der gute Teil, den ich soeben abgelegt hatte. Im Laufe meines Lebens, von dem doch neun Zehntel ein Leben voll Arbeit, Tugend und Selbstbeherrschung gewesen waren, war das Böse viel weniger geübt, aber auch viel weniger ermüdet worden. Und daher kam es, wie ich glaube, daß Edward Hyde so viel kleiner, leichter und jünger als Henry Jekyll war. Ebenso wie aus dem Antlitz des Einen das Gute strahlte, stand auf dem Antlitz des Anderen klar und deutlich das Böse geschrieben. Außerdem hatte das Böse – das ich immer noch für den sterblichen Teil des Menschen halten muß – diesem Körper einen Stempel von Mißgestalt und Verfall aufgedrückt. Und doch, als ich dieses häßliche Götzenbild im Spiegel sah, empfand ich keinen Widerwillen, sondern eher ein Gefühl freudiger Begrüßung. Auch diese Gestalt war ich. Sie erschien mir natürlich und menschlich. In meinen Augen war sie ein lebendigeres Abbild des Geistes; sie schien ausdrucksvoller und eigenartiger zu sein, als die unvollkommene, zwiespältige Menschengestalt, die ich bis dahin gewöhnt gewesen war, die meinige zu nennen. Und insofern hatte ich zweifellos recht. Ich habe bemerkt, daß niemand, wenn ich die Gestalt von Edward Hyde trug, anfangs sich mir nähern konnte ohne eine sichtbare böse Ahnung des Fleisches. Dies geschah nach meiner Auffassung deshalb, weil alle menschlichen Wesen, wie wir sie treffen, aus Gutem und Bösem gemischt sind, und Edward Hyde allein in den Reihen der Menschheit war Unvermischt-Böses.

Ich verweilte nur einen Augenblick vor dem Spiegel: das zweite und entscheidende Experiment mußte noch unternommen werden; es war noch festzustellen, ob ich meine Identität unwiderruflich verloren hätte und vor Tagesanbruch außer dem Hause fliehen müßte, das nicht länger das meinige wäre. Ich eilte in mein Arbeitszimmer zurück, mischte wieder den Trank und schlürfte ihn ein, erlitt wieder die Schmerzen der Auflösung und kam wieder zu mir selber mit dem Charakter, der Gestalt und dem Antlitz Henry Jekylls.

In jener Nacht war ich an den verhängnisvollen Kreuzweg gekommen. Wäre ich an meine Entdeckung in einem edleren Geist herangetreten, hätte ich den Versuch unter der Herrschaft großherziger oder frommer Bestrebungen gewagt, so hätte alles anders kommen müssen, und ich wäre aus diesen Wehen von Tod und Geburt nicht als ein Teufel, sondern als ein Engel hervorgegangen.

Die Wirkung des Tranks war wahllos: er selber war weder teuflisch noch göttlich; er sprengte nur die Türen des Gefängnisses meiner Gesinnung; und wie die Gefangenen von Philippi lief ins Freie, was drinnen war. In jenem Augenblick schlummerte meine Tugend; mein Böses, das vom Ehrgeiz wachgehalten wurde, war munter und ergriff schnell die Gelegenheit; und das Ding, das Gestalt annahm, war Edward Hyde. So war denn, obgleich ich jetzt sowohl zwei Charaktere, wie auch zwei äußere Gestalten hatte, der eine Charakter gänzlich böse, und der andere war immer noch der des alten Henry Jekyll, jene ungleiche Mischung, an deren Änderung und Besserung ich schon längst verzweifelt hatte. Die Bewegung war also gänzlich in der Richtung zum Schlimmeren erfolgt.

Zu jener Zeit hatte ich meine Abneigung gegen die Trockenheit eines Lebens gelehrter Forschung noch nicht überwunden. Noch immer war ich zu Zeiten lustig aufgelegt; und da meine Vergnügungen – um mich milde auszudrücken – nicht würdevoll waren, da ferner ich selber nicht nur wohlbekannt und hochgeachtet war, sondern auch allmählich ein ältlicher Mann wurde, so wurde mir dieser Zwiespalt in meinem Leben von Tag zu Tag lästiger. Hier führte nun meine neue Kraft mich in Versuchung, bis ich in ihre Knechtschaft geriet. Ich brauchte nur den Trank zu schlürfen, um sofort den Leib des bekannten Professors abzuwerfen und wie in einen dicken Mantel in den Leib Edward Hydes hineinzuschlüpfen. Ich lächelte über diesen Einfall; er erschien mir in jenem Augenblick humoristisch, und ich traf meine Vorbereitungen mit der allergrößten Sorgfalt. Ich mietete ein Haus in Soho und richtete es ein; jenes Haus, das die Polizei durchsuchte, als sie Hyde auf der Spur war. Ich stellte als Haushälterin eine Person an, von der ich bestimmt wußte, daß sie verschwiegen war und keine Gewissensbedenken hatte. Gleichzeitig sagte ich meiner Dienerschaft, daß ein gewisser Herr Hyde – den ich ihnen genau beschrieb – in meinem Hause am Square nach seinem Belieben aus und ein gehen, schalten und walten solle; und um Mißverständnisse auszuschließen, machte ich sogar in meiner zweiten Gestalt einen Besuch in meinem eigenen Hause, so daß meine Leute mich kannten. Sodann setzte ich jenen Letzten Willen auf, gegen den Du so viel einzuwenden hattest. Ich konnte also, wenn mir in der Gestalt des Dr. Jekyll etwas zustieß, ohne Vermögensverlust in die Gestalt Edward Hydes eintreten. Nachdem ich auf diese Weise nach allen Seiten hin, wie ich annahm, mich gesichert hatte, begann ich mir die seltsame Gefahrlosigkeit meiner Lage zunutze zu machen.

Es ist doch früher schon vorgekommen, daß Menschen Bravos dangen, um ihre Verbrechen auszuführen, während ihre eigene Person und guter Ruf in Deckung blieben. Ich war der erste Mensch, der dies tat, um seinen Lüsten nachzugehen. Ich war der erste, der dank diesem Mittel vor der Welt als ein liebenswürdiger, achtungswerter Mann sich darstellen konnte und im Nu, wie ein Schulknabe, diese erborgte Achtbarkeit abzustreifen und köpflings in das Meer der Freiheit zu springen imstande war. Aber für mich, in meinem undurchdringlichen Mantel, war die Sicherheit vollständig. Bedenke – ich war ja nicht einmal vorhanden – ich brauchte nur durch meine Laboratoriumstür zu entschlüpfen, zwei Sekunden Zeit zu haben, um den Trank zu mischen und zu verschlucken, dessen Zutaten stets bereit standen – und Edward Hyde, was auch immer er getan haben mochte, verschwand, wie ein Hauch des Atems von einem Spiegel verschwindet, und an seiner Stelle saß ruhig in seinem Heim bei der mitternächtlichen Studierlampe ein Mann, der jeden Argwohn verlachen konnte – der sogenannte Henry Jekyll. Die Lüste, die ich in gieriger Eile in meiner Verkleidung aufsuchte, waren, wie schon gesagt, unwürdig; einen härteren Ausdruck brauche ich nicht anzuwenden. Aber Edward Hyde machte aus ihnen bald Scheußlichkeiten. Wenn ich von meinen Ausflügen heimkam, ergriff mich oft eine Art von Staunen über die Verderbtheit meines zweiten Ich. Dieser Mensch, den ich aus meiner eigenen Seele ins Leben rief und ausziehen ließ, um auf eigene Hand nach seiner Laune zu handeln, war seiner Natur nach ein boshaftes Wesen und ein Schurke; jede Handlung, jeder Gedanke dieses Menschen war Selbstsucht; mit tierischer Gier schlürfte er Wollust aus jeder Art von Qualen, die er anderen bereitete; er war erbarmungslos wie ein Steinbild. Henry Jekyll stand manchmal entsetzt vor den Handlungen Edward Hydes; aber seine Lage hatte mit gewöhnlichen Gesetzen nichts zu tun – und mit diesem verfänglichen Gedanken erleichterte er sein Gewissen. Schließlich war Hyde der Schuldige, und nur Hyde allein. Jekyll war nicht böser, als er immer gewesen war; wenn er wieder seine Gestalt annahm, waren seine guten Eigenschaften allem Anschein nach unverändert; er beeilte sich sogar, wo dies möglich war, das von Hyde angerichtete Unheil wieder auszugleichen. Und so schlummerte sein Gewissen. Ich beabsichtige nicht auf die Einzelheiten der Ruchlosigkeiten einzugehen, die ich auf diese Weise geschehen ließ – denn selbst jetzt kann ich kaum zugeben, daß ich sie beging. Ich will nur über die Warnungen berichten, die ich empfing, und will schildern, wie allmählich, schrittweise, meine Bestrafung herannahte. Ich hatte ein Erlebnis, das ich hier einfach nur erwähnen will, da es keine weiteren Folgen nach sich zog. Eine Grausamkeit, die ich an einem Kinde beging, erweckte gegen mich den Zorn eines zufällig Vorübergehenden, den ich neulich in der Person deines Verwandten wiedererkannte. Der Arzt und die Angehörigen des Kindes schlossen sich ihm an; einige Augenblicke fürchtete ich für mein Leben und schließlich mußte, um ihre nur zu berechtigte Empörung zu beschwichtigen, Edward Hyde sie an meine Tür führen und sie mit einem Scheck bezahlen, der von Henry Jekyll ausgestellt war. Aber eine solche Gefahr ließ sich für die Zukunft leicht ausschließen, indem ich bei einer anderen Bank ein Guthaben auf den Namen Edward Hyde einrichtete; und als ich durch eine Veränderung meiner eigenen Handschrift meinen Doppelgänger mit einer ihm eigentümlichen Unterschrift ausgestellt hatte, glaubte ich, mich außer Reichweite des Schicksals zu befinden.

Etwa zwei Monate vor der Ermordung Sir Danvers Carews war ich wieder einmal auf Abenteuer ausgegangen, in später Stunde heimgekommen und erwachte am nächsten Morgen in meinem Bett mit etwas sonderbaren Empfindungen. Vergeblich blickte ich um mich; vergeblich sah ich die vornehme Einrichtung meines geräumigen Schlafzimmers am Square; vergeblich erkannte ich das Muster meiner Bettgardinen und die Form der Mahagonibettstelle – trotz alledem wollte das Gefühl nicht weichen, daß ich nicht dort wäre, wo ich in Wirklichkeit mich befände, daß ich nicht in meinem eigenen Schlafzimmer erwacht wäre, sondern in der kleinen Kammer in Soho, wo ich in der leiblichen Gestalt Edward Hydes zu schlafen pflegte. Ich lächelte über mich selber und begann nach meiner psychologischen Art gemächlich über die einzelnen Bestandteile dieser Einbildung nachzudenken, und während ich dies noch tat, versank ich wieder in einen behaglichen Morgenschlummer, in welchem ich weiter träumte und nachdachte. Als ich wieder etwas heller wach wurde, fiel mein Blick auf meine Hand. Nur war die Hand Henry Jekylls – wie Du oft bemerkt hast – an Form und Größe die richtige Hand eines Arztes: groß, fest, weiß und hübsch geformt. Aber die Hand, die ich jetzt deutlich genug in dem gelben Licht eines Morgens der Londoner City sah, wie sie halbgeschlossen lag, war dürr, knochig, dick geädert, von schwärzlich blasser Farbe und dicht mit schwarzen Haaren bewachsen. Es war die Hand Edward Hydes.

Ich muß fast eine halbe Minute lang diese Hand angestarrt haben, ohne ein anderes Gefühl als eine stumpfsinnige Verwunderung. Dann bekam ich einen Schreck wie bei einem plötzlichen Lärm von Pauken und Trompeten, sprang aus dem Bett und rannte vor meinen Spiegel. Bei dem Anblick, der meine Augen traf, wurde mein Blut kalt wie Eis. Ja, ich war als Henry Jekyll zu Bett gegangen und als Edward Hyde aufgewacht. Aber wie war dies zu erklären? So fragte ich mich, und dann mit einem neuen Anfall von Entsetzen, wie sollte ich mir helfen?

Es war schon ziemlich spät am Morgen; die Dienerschaft war aufgestanden; alle Bestandteile meines Tranks waren in meinem Arbeitszimmer – es war ein weiter Weg von der Stelle, auf der ich in diesem Augenblick wie vom Blitz getroffen stand, bis zu meinem Arbeitszimmer. Zwei Treppen hinunter, durch den hinteren Korridor, über den offenen Hof und durch das anatomische Theater! Allerdings war es mir wohl möglich, mein Gesicht zu bedecken; aber was nützte mir dies, da ich ja nicht imstande war, die Veränderung meiner Gestalt zu verbergen? Aber da überkam mich eine wonnige Erleichterung. Mir fiel ein, daß die Bedienten ja bereits an das Kommen und Gehen meines zweiten Ich gewöhnt waren! Schnell hatte ich mir, so gut es ging, meine eigenen Kleider angezogen; schnell war ich durch das Haus gegangen, wo Bradshaw mit einem erstaunten Blick zurückfuhr, als er Herrn Hyde zu solcher Stunde und in einem so merkwürdigen Aufzug sah; und zehn Minuten später war Dr. Jekyll wieder in seine eigene Gestalt zurückgekehrt und hatte sich mit düsterer Stirn hingesetzt, um zum Schein etwas zu frühstücken.

Mein Appetit war in der Tat nur gering. Dieses unerklärliche Ereignis, eine Umkehrung des zuletzt von mir vorgenommenen Experimentes, schien mir, wie jener Finger bei dem Gastmahl in Babylon, die Worte meines Urteils an die Wand zu schreiben, und ich begann ernster denn je über die Möglichkeiten und das künftige Ende meines Doppellebens nachzudenken. Dieser Teil meines Ich, dem ich eine Gestalt zu geben die Macht besaß, hatte in der letzten Zeit viel Bewegung und Nahrung empfangen; es war mir schon seit kurzem vorgekommen, wie wenn der Körper Edward Hydes größer geworden wäre, wie wenn ich mir in dieser Gestalt eines lebhafteren Umlaufs meines Blutes bewußt gewesen wäre; und ich begann eine Gefahr zu wittern, daß bei längerer Fortdauer dieses Zustandes vielleicht das Gleichgewicht meiner Natur für immer umgeworfen werden könnte, so daß ich nicht mehr die Macht freiwilliger Veränderung besäße und der Charakter Edward Hydes unwiderruflich der meinige würde.

Die Kraft meines Tranks hatte sich nicht immer gleichmäßig bewährt. Einmal – ziemlich zu Anfang meiner neuen Laufbahn – war mir der Versuch gänzlich mißlungen; seitdem war ich bei mehr als einer Gelegenheit genötigt gewesen, den Trank zweimal zu mir zu nehmen; in einem Falle hatte ich ihn mit ungeheurer Lebensgefahr verdreifachen müssen; und diese, wenn auch selten eintretenden, Unsicherheiten hatten bisher den einzigen Schatten auf meine Zufriedenheit geworfen. Jetzt aber, im Lichte dieses Morgenerlebnisses mußte ich bemerken, daß nicht mehr wie im Anfang die Schwierigkeit darin bestand, den Körper Jekylls abzustreifen, sondern daß in der letzten Zeit ganz allmählich, aber deutlich die Schwierigkeit auf dem umgekehrten Wege sich gezeigt hatte. Mir schien daher aus allem dies hervorzugehen: ich verlor langsam die Herrschaft über mein ursprüngliches und besseres Ich und verkörperte mich langsam in mein zweites und schlechteres Ich.

Ich fühlte jetzt, daß ich zwischen diesen beiden zu wählen hatte. Meine beiden Naturen hatten das Gedächtnis gemeinsam, aber alle anderen Fähigkeiten waren sehr ungleich unter ihnen verteilt. Jekyll, der ein zusammengesetztes Wesen war, plante und teilte die Freuden und Abenteuer Hydes – bald in einer höchst unbehaglichen Angst, bald mit einem gierigen Behagen; aber Hyde war völlig gleichgültig Jekyll gegenüber oder erinnerte sich seiner nur, wie ein Räuber in den Bergen sich der Höhle erinnert, in der er sich vor Verfolgern verbirgt. Jekyll empfand für Hyde eine mehr als väterliche Liebe; Hyde für Jekyll die Gleichgültigkeit eines Sohnes.

Wählte ich Jekyll, so war ich tot für die Begierden, denen ich lange Zeit nur im geheimen nachgegeben, in denen ich aber in der letzten

Zeit geschwelgt hatte. Wählte ich Hyde, so war ich tot für tausend Interessen und Bestrebungen und wurde mit einem Schlage und für ewig ein verachteter, freudloser Mensch. Der Handel konnte ungleich erscheinen; aber es fiel noch eine andere Betrachtung in die Wagschale: Während Jekyll die Flammen der Entsagung schmerzlich verspüren mußte, würde Hyde sich alles dessen, was er verloren hatte, nicht einmal bewußt sein.

So seltsam meine eigenen Umstände waren – dieser Widerstreit ist so alt und alltäglich, seitdem es Menschen gibt; ziemlich dieselben Verlockungen und Befürchtungen würfeln miteinander in jedem zitternden Sünder, der in Versuchung gerät. Und es ging mir, wie es der ungeheuren Mehrheit meiner Mitmenschen ergeht: ich erwählte das bessere Teil, und es zeigte sich, daß mir die Kraft fehlte, dabei zu verharren.

Ja, ich zog den ältlichen, innerlich unzufriedenen Doktor vor, der von Freunden umgeben war und sich ehrenhaften Hoffnungen hingab, und verzichtete entschlossen auf die Freiheit, die verhältnismäßige Jugend, den leichten Schritt, den stürmischen Pulsschlag und die geheimen Wonnen, die ich in der Verkleidung als Hyde genossen hatte. Ich traf diese Wahl vielleicht mit einem unbewußten Vorbehalt; denn ich gab weder das Haus in Soho auf, noch vernichtete ich die Kleider Edward Hydes, die stets in meinem Arbeitszimmer bereit lagen. Zwei Monate blieb ich jedoch meinem Entschluß treu; zwei Monate lang führte ich ein so streng ehrbares Leben, wie ich es früher niemals versucht hatte, und erfreute mich dafür des Lohnes eines zufriedenen Gewissens. Aber die Zeit begann schließlich, mich den ausgestandenen Schreck vergessen zu lassen. Die Lobsprüche meines Gewissens wurden etwas selbstverständlich; ich wurde von drängenden Sehnsüchten gequält, wie wenn in mir Hyde nach Freiheit ränge; und endlich, in einer Stunde moralischer Schwachheit, braute und trank ich wieder das Verwandlungsmittel.

Wenn ein Trunkenbold bei sich selber über sein Laster nachdenkt, so denkt er wahrscheinlich nicht einmal unter fünfhundert Malen dabei an die Gefahren, die ihm aus seiner tierischen Gleichgültigkeit den körperlichen Folgen gegenüber entstehen können; so hatte auch ich, solange ich auch über meine Lage nachgedacht hatte, dabei nicht genügend in Betracht gezogen, daß die Hauptcharakterzüge Edward Hydes seine vollständige moralische Gleichgültigkeit und seine sinnlose Bereitschaft zum Bösen waren. Durch diese wurde ich bestraft. Mein Teufel war lange im Käfig gewesen und sprang nun mit Gebrüll hervor. Schon als ich den Trank schlürfte, fühlte ich eine zügellosere, wütendere Lust, Böses zu tun. Dies muß wohl in meiner Seele jenen Sturm von Ungeduld aufgerührt haben, mit welcher ich die höflichen Worte meines unglücklichen Opfers anhörte. Jedenfalls erkläre ich hiermit vor Gott: kein geistig gesunder Mensch hätte dieses Verbrechen aus so jämmerlichem Anlaß begehen können – ich hatte in jenem Augenblick nicht mehr Vernunft als ein krankes Kind, das sein Spielzeug zerbricht. Aber ich hatte freiwillig alle jene ausgleichenden Instinkte von mir abgestreift, dank denen selbst der böseste von uns Menschen immer noch mit einer gewissen Festigkeit durch seine Versuchungen hindurchgeht; in meinem Fall aber bedeutete eine Versuchung, war sie auch noch so gering, unvermeidliches Straucheln.

Im Nu erwachte in mir der Geist der Hölle und raste. In einem Überschwang von Entzücken zerschmetterte ich den wehrlosen Leib. Köstliche Wonne bereitete mir jeder Schlag; und erst als ich müde wurde, fuhr mir plötzlich, auf dem Höhepunkt meiner Raserei, ein kalter Schreckensschauder durch das Herz. Ein Nebel zerteilte sich: ich sah, daß mein Leben verwirkt war, und floh von dem Schauplatz meiner Ausschreitung, frohlockend und zugleich zitternd – meine Lust am Bösen war befriedigt und noch gesteigert, meine Liebe zum Leben aufs äußerste angespannt. Ich rannte nach dem Haus in Soho und vernichtete – um meine Sicherheit doppelt sicher zu machen – alle Papiere, die ich dort hatte. Dann lief ich durch die hellbeleuchteten Straßen in derselben zwiespältigen Aufregung meiner Seele, meines Verbrechens mich rühmend, leichtfertig Pläne für die Zukunft planend, und trotz alledem fliehend und fortwährend nach rückwärts auf die Schritte des Rächers lauschend. Hyde hatte ein Lied auf seinen Lippen, als er den Trank mischte, und er stürzte ihn auf das Wohl des Ermordeten hinunter! Die Schmerzen der Verwandlung hatten noch nicht aufgehört ihn zu zerreißen, als Henry Jekyll unter strömenden Tränen der Dankbarkeit und der Reue auf seine Knie fiel und seine gefalteten Hände zu Gott emporhob.

Der Schleier der Nachsicht mit mir selber war vom Kopf bis zu den Füßen zerrissen: ich sah mein Leben als ein Ganzes; ich verfolgte es von den Tagen der Kindheit an, als mein Vater mich an der Hand geführt hatte, durch die entsagungsvollen Mühen meiner Berufsarbeit hindurch, um immer und immer wieder mit dem gleichen Gefühl, daß es keine Wirklichkeit sei, zu den höllischen Schrecknissen des Abends zu gelangen. Ich hätte laut schreien mögen; mit Tränen und Gebeten suchte ich den Haufen häßlicher Bilder und Klänge niederzuhalten, die aus meiner Erinnerung auf mich losstürmten; aber immer wieder, zwischen meinen Gebeten, starrte mir das gräßliche Antlitz meiner Missetat in die Seele. Als diese Gewissensbisse an Schärfe zu verlieren begannen, folgte ihnen ein Gefühl der Freude. Das Problem meiner Lebensführung war erlöst: Hyde war fortan unmöglich; ob ich wollte oder nicht, ich war jetzt auf das bessere Teil meines Daseins beschränkt – und oh! welche Wonne war dieser Gedanke! Mit welcher willfährigen Demut fügte ich mich von neuem in die Grenzen und Schranken des natürlichen Lebens! Mit welchem aufrichtigen Verzicht verschloß ich die Tür, durch die ich so oft gegangen und gekommen war, und zertrat den Schlüssel mit meinen Füßen!

Am nächsten Tage kam die Nachricht, daß der Mord eine Zuschauerin gehabt hatte, daß Hydes Schuld der Welt bekannt war, und daß das Opfer ein Mann war, der hoch im öffentlichen Ansehen stand. Es war nicht allein ein Verbrechen – es war ein tragischer Wahnsinn gewesen.

Ich glaube, ich war froh, dies zu wissen; ich glaube, ich war froh darüber, daß meine besseren Antriebe jetzt hinter den Schrecknissen des Schafotts wie hinter Befestigungswerken lagen. Jekyll war jetzt meine Zitadelle, mein sicherer Zufluchtsort; sobald Hyde einen Augenblick hervorlugte, würden die Hände aller Menschen sich erheben und ihn töten.

Ich beschloß, durch meine künftige Lebensführung die Vergangenheit wieder gutzumachen; und ich darf ehrlich sagen, daß mein Entschluß einige gute Früchte gezeitigt hat. Du weißt selber, wie ernst ich in den letzten Monaten vorigen Jahres mich bemühte, Leiden zu lindern; Du weißt, daß viel für andere getan wurde, und daß mir die Tage ruhig, beinahe glücklich dahingingen. Ich kann auch nicht behaupten, daß ich dieses wohltätigen, unschuldigen Lebens überdrüssig wurde; ich glaube im Gegenteil, daß ich es von Tag zu Tag freudiger empfand. Aber auf mir lag immer noch der Fluch der Zwiespältigkeit meines Wollens; und als die erste Schärfe meiner Reue abgestumpft war, begann meine niedrigere Natur, der ich so lange nachgegeben und die ich erst seit so kurzer Zeit in Fesseln gelegt hatte, murrend nach Freiheit zu verlangen. Nicht, daß ich davon geträumt hätte, Hyde wieder auferstehen zu lassen – der bloße Gedanke daran brachte mich zum Wahnsinn: nein, in meiner eigenen Persönlichkeit fühlte ich wieder die Versuchung, mit meinem Gewissen zu markten, und wie ein gewöhnlicher geheimer Sünder fiel ich zuletzt vor dem Eingreifen der Versuchung.

Jedes Ding nimmt einmal ein Ende; das geräumigste Maß wird schließlich voll, und dieser kurze Augenblick einer Nachgiebigkeit für das Böse vernichtete endgültig das Gleichgewicht meiner

Seele. Trotzdem war ich darüber nicht unruhig in mir; daß ich gefallen war, schien natürlich zu sein; gewissermaßen eine Rückkehr zu den alten Tagen, bevor ich meine Entdeckung gemacht hatte.

Es war ein schöner, klarer Januartag; der aufgetaute, bisher gefroren gewesene Boden war feucht, aber der Himmel droben war wolkenlos; Regents Park war voll von würzigem Frühlingsduft. Ich saß in der Sonne auf einer Bank; das Tier in mir leckte die abgenagten Knochen der Erinnerung; das Geistige in mir schlummerte ein wenig, künftige Reue versprechend, aber noch nicht geneigt, diese zu beginnen. Im Grunde, so dachte ich bei mir, war ich doch nur wie alle meine Nachbarn. Und dann lächelte ich, indem ich mich selber mit anderen Menschen verglich: meinen tätigen Willen zum Guten mit der trägen Grausamkeit ihrer Nachlässigkeit! Und gerade in dem Augenblick dieses selbstgefälligen Denkens befiel mich ein Schwindel, eine fürchterliche Übelkeit und ein tödliches Schaudern. Dies ging vorüber und es blieb nur eine Schwäche; und als dann auch dieses Gefühl der Schwäche aufhörte, begann ich zu merken, daß mein Denken sich geändert hatte: ich empfand eine größere Kühnheit, eine Verachtung jeder Gefahr, eine Befreiung aus den Banden der Pflicht. Ich sah an mir herab; meine Kleider hingen unförmlich um meine zusammengeschrumpften Glieder; die Hand, die auf meinem Knie lag, war dickaderig und haarig. Ich war wieder Edward Hyde.

Einen Augenblick zuvor war ich der Achtung aller Menschen sicher gewesen, ein reicher, geliebter Mann – in meinem Eßzimmer zu Hause stand der Tisch für mich gedeckt. Und jetzt war ich ein Wild, das alle Menschen verfolgten – gehetzt, heimatlos, ein bekannter Mörder, der dem Galgen gehörte.

Meine Vernunft wankte, aber sie ließ mich nicht gänzlich im Stich. Ich habe mehr als einmal bemerkt, daß in meinem zweiten Ich meine Fähigkeiten haarscharf zugespitzt zu sein schienen, daß mein Geist elastischer gespannt war. So kam es, daß in einem Augenblick, wo Jekyll vielleicht unterlegen sein würde, Hyde sich auf die Höhe des Ereignisses erhob.

Meine Drogen befanden sich in einem der Glasschränke meines Arbeitszimmers. Wie konnte ich sie bekommen? Dies war das Problem, das ich zu lösen mich entschloß, indem ich meine Hände an die Schläfen preßte.

Die Laboratoriumstür hatte ich verschlossen. Wenn ich durch mein eigenes Haus in das Arbeitszimmer zu kommen versuchte, würden meine Dienstboten mich an den Galgen liefern. Ich sah, daß ich mich eines Vermittlers bedienen müßte, und dachte an Lanyon. Wie konnte ich diesen erreichen? wie ihn überreden? Angenommen, daß ich der Verhaftung auf der Straße entging, wie konnte ich zu ihm persönlich kommen? Und wie sollte ich, ein unbekannter, abstoßend aussehender Besucher, den berühmten Arzt dahin bringen, in das Studierzimmer seines Kollegen Dr. Jekyll einzubrechen? Dann erinnerte ich mich, daß von meinem ursprünglichen Ich ein Teil stets mir geblieben war: Ich konnte in meiner eigenen Hand schreiben; und sobald ich diesen Funken hatte aufzucken sehen, lag der Weg, den ich zu gehen hatte, vom Anfang bis zum Ende hell erleuchtet vor mir.

Demgemäß machte ich meine Kleider zurecht, so gut ich konnte, rief einen vorüberfahrenden Hansom an und fuhr nach einem Gasthof in Portland Street, dessen Name mir zufällig einfiel. Der Kutscher konnte seine Heiterkeit nicht zurückhalten, als er mich ansah – und mein Aussehen war in der Tat komisch genug, so tragisch auch das Schicksal war, das diese Kleider verhüllten. Ich fletschte in einem Anfall teuflischer Wut meine Zähne gegen ihn, und das Lächeln erstarb auf seinem Gesicht – zum Glück für ihn, aber zu noch größerem Glück für mich selbst, denn im nächsten Augenblick hätte ich ihn sicherlich von seinem Bock heruntergerissen.

Als ich in den Gasthof eintrat, blickte ich mit einem so finsteren Gesicht um mich, daß die Kellner zitterten; keinen Blick wechselten sie in meiner Gegenwart, sondern empfingen dienstbereit meine Befehle, führten mich in ein Zimmer und brachten mir Schreibzeug.

Hyde in Lebensgefahr war ein neues Geschöpf für mich: von unbändigem Zorn geschüttelt, bis zur Mordlust aufgeregt und danach lechzend, Schmerzen zu bereiten. Aber das Geschöpf war auch schlau: es meisterte seine Wut mit einer großen Willensanstrengung, verfaßte die beiden wichtigen Briefe, einen an Lanyon und einen an Poole; und um einen schriftlichen Beweis zu erhalten, daß sie der Post übergeben wären, gab er Auftrag, sie einschreiben zu lassen.

Sodann saß er den ganzen Tag am Kaminfeuer in seinem Zimmer und kaute an seinen Nägeln. Auf seinem Zimmer speiste er auch, allein mit seinen Ängsten, während der Kellner sichtbar vor seinen Augen zitterte. Und dann, als die Nacht vollkommen angebrochen war, setzte er sich in die Ecke einer geschlossenen Droschke und ließ sich kreuz und quer in den Straßen der City herumfahren. Er, sage ich – ich kann nicht sagen: Ich. Dieses Kind der Hölle hatte nichts Menschliches; in ihm lebte nichts als Furcht und Haß. Und als er zuletzt, weil er glaubte, der Kutscher finge an argwöhnisch zu werden, die Droschke bezahlte und zu Fuß sich weiterwagte, in seinen schlechtsitzenden Kleidern eine auffällige Erscheinung inmitten der nächtlichen Passanten, da rasten diese beiden niedrigen Leidenschaften in ihm wie ein Sturm. Er ging schnell, von seinen Ängsten gehetzt, mit sich selber sprechend, durch die weniger belebten Nebenstraßen sich drückend und die Minuten zählend, die ihn noch von der Mitternachtsstunde trennten. Einmal sprach ein Weib ihn an – ich glaube, sie wollte ihm Streichhölzer verkaufen. Er schlug ihr ins Gesicht, und sie rannte davon.

Als ich bei Lanyon wieder zu mir kam, ging das Entsetzen meines alten Freundes mir vielleicht zu Herzen – ich weiß es nicht – es war höchstens nur wie ein Tropfen im Meere, im Vergleich mit dem Grausen, womit ich auf diese Stunden zurückblickte. Eine Veränderung war über mich gekommen, mich quälte nicht länger die Furcht vor dem Galgen, sondern der entsetzliche Gedanke, daß ich Hyde sei. Ich hörte Lanyons Worte, die mich verdammten, wie in einem halben Traum; wie in einem halben Traum betrat ich mein eigenes Haus und legte mich zu Bett. Nach der Anstrengung des Tages schlief ich so fest und tief, daß nicht einmal die Schreckgespenster, die mich verfolgten, mich aufwecken konnten. Am Morgen erwachte ich erschüttert, geschwächt, aber doch erfrischt. Ich haßte und fürchtete immer noch jeden Gedanken an das Tier, das in mir schlief, und ich hatte natürlich nicht die entsetzlichen Gefahren des vorigen Tages vergessen; aber ich war doch wieder zu Hause, in meinem eigenen Heim und ganz in der Nähe meiner Drogen – und Dankbarkeit für meine Rettung leuchtete so stark in meiner Seele, daß sie beinahe wie helle Hoffnung glänzte.

Nach dem Frühstück schritt ich gemächlich über den Hof, mit Vergnügen die kalte Winterluft einschlürfend – da packten mich wieder jene unbeschreiblichen Empfindungen, die die Vorboten der Veränderung waren, und ich hatte gerade nur die Zeit, das Obdach meines Arbeitszimmers zu erreichen, da rasten und wüteten wieder die Leidenschaften Hydes in mir. Und ich war wieder Hyde.

Ich nahm bei dieser Gelegenheit eine doppelte Dosis, um mich wieder zu mir selber zu bringen; und ach! sechs Stunden später, als ich am Kamin saß und traurig in das Feuer sah, kamen die Schmerzen wieder, und ich mußte abermals den Trank anwenden.

Kurz, von jenem Tage an war ich anscheinend nur durch eine große Anstrengung und unter der unmittelbaren Wirkung des Trankes imstande, die körperliche Gestalt Jekylls festzuhalten. Zu allen möglichen Stunden des Tages oder der Nacht ergriff mich das bedeutsame Schütteln; vor allem wenn ich schlief oder auch nur für einen Augenblick in meinem Lehnstuhl druselte, wachte ich stets als Hyde auf. Dieses beständig drohende Elend und die Schlaflosigkeit, zu der ich mich selber verurteilte, und die weit über die Grenzen hinausging, die ich für menschenmöglich gehalten hatte, machten aus mir ein von Fieber völlig ausgezehrtes Geschöpf, schwach an Leib und Verstand und nur mit dem einzigen Gedanken beschäftigt: dem Grausen vor meinem anderen Ich. Aber wenn ich schlief, oder wenn die Wirksamkeit der Arznei nachließ, sprang ich fast ohne Übergang – denn die Schmerzen bei der Verwandlung wurden von Tag zu Tag geringer – in den Bereich meiner Phantasie, die von Schreckensbildern wimmelte – meine Seele kochte von grundlosem Haßgefühl, und mein Körper schien nicht stark genug zu sein, die rasenden Lebenskräfte zu bändigen. Hydes Kräfte schienen mit Jekylls kränklicher Schwäche gewachsen zu sein. Und sicherlich war der Haß, der sie jetzt schied, auf beiden Seiten gleich. Bei Jekyll war dies ein Ding triebmäßiger Lebensbetätigung. Er hatte jetzt die ganze Mißgestaltung jenes Geschöpfes gesehen, das mit ihm einige von den Erscheinungsformen des Bewußtseins gemeinsam hatte und wie er Erbe des Todes war – und über diese gemeinsamen Bande hinaus, die eben als solche gerade das bitterste Teil meines Elends waren, erschien ihm Hyde, trotz aller seiner Lebenskraft, als etwas nicht nur Höllisches, sondern Unorganisches.

Dies war das Schreckliche: daß aus dem Schlamm der Hölle nicht nur Schreie und Stimmen zu kommen schienen; daß der gestaltlose Staub Glieder bewegte und sündigte; daß das, was tot war und keine Gestalt hatte, sich die Äußerungen des Lebens anmaßte. Und dann auch dies: daß jenes rebellische Entsetzen ihn enger umklammerte als ein Weib, daß es wie ein Auge in ihm lag; daß es in sein Fleisch wie in einen Käfig eingesperrt war, wo er es murren hörte, es um sich schlagen fühlte, wie wenn es geboren werden wollte;

und daß es in jeder Stunde der Schwachheit, in jedem Augenblick, sobald er sich vertrauensvoll dem Schlummer überließ, sich gegen ihn auflehnte und ihn vom Thron des Lebens herabstieß.

Hydes Haß gegen Jekyll war von einer anderen Art: seine Angst vor dem Galgen trieb ihn beständig dazu, zeitweiligen Selbstmord zu begehen und in seinen untergeordneten Zustand zurückzukehren, worin er ein Teil eines ganzen Menschen war. Aber er fluchte dieser Notwendigkeit, er fluchte der Schwäche, in die Jekyll jetzt versunken war, und er empfand als eine Beschimpfung den Abscheu, womit Jekyll ihn selber ansah. Daher die äffischen Streiche, die er mir fortwährend spielte, indem er mit meiner eigenen Handschrift Gotteslästerungen auf die Seiten meiner Bücher kritzelte, die Briefe meines Vaters verbrannte und dessen Bild zerriß. Und in der Tat: wäre nicht seine Furcht vor dem Tode gewesen, er hätte sich schon längst selber vernichtet, um mich in die Vernichtung hineinzuziehen. Aber seine Liebe zum Leben ist wunderbar. Ich gehe noch weiter: ich, der ich von dem bloßen Gedanken an ihn Übelkeit verspüre und schaudere, wenn ich an die leidenschaftliche verächtliche Anklammerung ans Leben denke, die ihm eigen ist – ich entdecke in meinem Herzen Mitleid für ihn, da ich weiß, wie er sich vor meiner Macht fürchtet, durch Selbstmord auch ihn ums Leben zu bringen.

Es hat keinen Zweck, und schrecklicherweise fehlt mir auch die Zeit, diese Schilderung noch zu verlängern. Es genüge, wenn ich sage: kein Mensch hat jemals solche Qualen gelitten. Und doch, die Gewohnheit – ich will nicht sagen, daß sie erleichterte, aber sie führte eine gewisse Unempfindlichkeit der Seele herbei, eine Art von Abfindung mit meiner Verzweiflung; und meine Strafe hätte noch jahrelang andauern können, wenn nicht jetzt das letzte Unglück eingetroffen wäre, das mich endgültig von meinem eigenen Antlitz und von meiner eigenen Natur getrennt hat.

Mein Vorrat jenes Salzes, den ich seit meinem ersten Versuch niemals ergänzt hatte, begann knapp zu werden. Ich ließ einen neuen Vorrat holen und mischte den Trank; es folgte das Aufbrausen, sodann der erste Wechsel der Farbe, aber nicht der zweite. Ich trank das Gemisch, und es war unwirksam.

Du wirst von Poole erfahren, wie ich ganz London durchstöbert habe; es war vergeblich; und ich bin jetzt überzeugt, daß jenes erste Salz unrein war, und daß gerade jene unbekannte Unreinheit den Trank wirksam machte.

Ungefähr eine Woche ist vergangen, und ich beendigte jetzt diesen Bericht unter dem Einfluß des letzten von den alten Pulvern. Dies also ist das letzte Mal – fast ein Wunder! – daß Henry Jekyll seine eigenen Gedanken denken oder sein eigenes (jetzt wie traurig verändertes!) Antlitz im Spiegel sehen kann. Ich darf auch nicht zu lange zögern, mein Schreiben zum Ende zu bringen; denn wenn mein Bericht bis jetzt der Vernichtung entgangen ist, so geschah dies nur durch ein Zusammentreffen großer Vorsicht und sehr glücklichen Zufalls. Sollten die Wehen der Verwandlung mich packen, während ich schreibe, so würde Hyde diesen Bericht in Stücke reißen; wenn aber einige Zeit vergangen ist, nachdem ich ihn auf die Seite gelegt habe, wird wahrscheinlich seine erstaunliche Selbstsucht und seine Beschränkung auf den Augenblick diese Schrift wieder einmal vor der Betätigung seiner äffischen Wut retten.

In der Tat: das Verhängnis, das sich immer tiefer auf uns beide herabsenkt, hat ihn bereits verändert und geduckt. Wenn ich in einer halben Stunde wiederum und für immer seine verhaßte Gestalt annehme, dann werde ich, das weiß ich, schaudernd und weinend in meinem Stuhl sitzen, oder mit gespanntem, ängstlichem Horchen in diesem Zimmer auf und ab laufen, das meine letzte irdische Zuflucht ist, ich werde auf jedes drohende Geräusch lauschen.

Wird Hyde am Galgen sterben? Oder wird er den Mut finden, im letzten Augenblick sich selber zu befreien? Das weiß Gott. Mir ist es gleichgültig.

Dies ist meine wahre Todesstunde, und was noch folgen wird, das geht einen anderen an als mich. Und so lege ich denn jetzt die Feder nieder, versiegele meine Beichte und bringe damit das Leben des unglücklichen Henry Jekyll zum Ende.

KOMMENTARE

KOMMENTAR I

Anja Schiemann

Ein Mensch besteht in Wirklichkeit aus zwei Menschen – Über den Widerstreit von Gut und Böse in „Dr. Jekyll und Mr. Hyde"

Einleitung

> Manchmal kommt es vor, dass die tiefgründigsten Aussagen über Probleme des Lebens nicht von Wissenschaftlern oder Theologen kommen, sondern von den Schriftstellern großer Literatur[1].

Auch diejenigen, die die Novelle des seltsamen Falls von Dr. Jekyll und Mr. Hyde nicht gelesen haben, dürften mit der Aussage, dass es sich um eine Jekyll und Hyde Persönlichkeit handelt, etwas anfangen können. Denn diese Begrifflichkeit ist in den allgemeinen Sprachgebrauch übergegangen, um jemanden zu beschreiben, der ein Doppelleben führt[2], der mehr noch, in seiner Persönlichkeit, seinem Denken oder Handeln gespalten ist[3]. Insofern findet sich selbst heute noch unter dem Stichwort „Dissoziation" im Brockhaus Psychologie ein Hinweis auf Stevensons Novelle:

> Dauert der Zustand der Dissoziation an, dann ergibt sich das Bild einer multiplen Persönlichkeit oder eines anderen Ausnahmezustands, in dem Menschen Dinge denken und tun, die sie mit ihrer 'normalen' Persönlichkeit nicht verbinden können. Die erste Beschreibung eines solchen dissoziativen Prozesses stammt von dem schottischen Schriftsteller Robert Louis Stevenson[4].

Auch in einem wissenschaftlichen Aufsatz zur Schizophrenie wird auf die Fehlannahme Bezug genommen, es handele sich hierbei um eine gespaltene Persönlichkeit im Sinne der Romanfigur Dr. Jekyll und Mr. Hyde mit deren gutmütigen

---

1   *John Stanford*, The strange trail of Mr Hyde. A new look at the nature of human evil, Cambridge 1987, S. 2.
2   *Robert Mighall*, Introcuction, in: Robert Lous Stevenson, The Strange Case of Dr Jekyll and Mr Hyde and Other Tales of Terror, London 2002, S. IX.
3   Vgl. *Larry Kreitzer*, R.L. Stevenson's strange case of Dr. Jekyll and Mr. Hyde and Romans 7: 14–25: Images oft he moral duality of human nature, in: Journal of Literature & Theology, Vol. 6 No. 2, 1992, S. 125.
4   Brockhaus, Psychologie, Mannheim 2008, Stichwort Dissoziation, S. 111 f.

Persönlichkeit auf der einen und der destruktiven, „ungezügelten" Persönlichkeit auf der anderen Seite[5]. Man kann also zu Recht behaupten, dass Stevenson in seiner Geschichte den wohl bekanntesten Doppelgänger geschaffen hat[6]. Demzufolge ist die Novelle seit ihrer Entstehung bis zur Gegenwart nicht nur in den Literaturwissenschaften zahlreich rezipiert worden, sondern hat auch Eingang in den medizinisch, psychologischen und zuletzt auch kriminologischen Diskurs gefunden.

I. Entstehungsgeschichte

Die Novelle „Der seltsame Fall von Dr. Jekyll und Mr. Hyde" entstand zu einer Zeit, in der Stevenson ganz besonders unter seinen Krankheiten zu leiden hatte. 1884 war er mit seiner Frau Funny nach Bournemouth gezogen[7]. Schon als Kind war Stevenson gesundheitlich angeschlagen und konnte die Schule nur sporadisch besuchen. Dennoch absolvierte er erfolgreich ein Jurastudium und wurde 1875 in die Schottische Anwaltsvereinigung berufen, übte diesen Beruf allerdings niemals aus[8]. Vielmehr wurde er Schriftsteller, zunächst publizierte er Reiseberichte, dann aber auch Kurzgeschichten und 1881 den berühmten Roman „Die Schatzinsel"[9].

Die drei Jahre in Bournemouth zählten trotz seiner diversen Erkrankungen zu den produktivsten[10], hier entstand nicht nur „Der seltsame Fall von Dr. Jekyll und Mr. Hyde", sondern unter anderem auch „Prince Otto", „A Child's Garden

---

5   S. *Björn Schlier / Tania Lincoln*, ein Mythos von Jekyll und Hyde? Der Zusammenhang zwischen der Fehlannahme, Schizophrenie sei eine gespaltene Persönlichkeit, und Stigmatisierung von Personen mit Schizophrenie, in: PsychiatPrax 2013, 40, S. 72. Sogar in einen Aufsatz zum Unternehmenssteuerrechts hat es der Jekyll und Hyde Vergleich „geschafft", da laut Ansicht der Autoren der Gesetzgeber des Nachts durch die Verlustnutzungsbeschränkung nach § 14 Abs. 1 Nr. 5 KStG „Mr. Hyde sein Unwesen treiben" lässt, s. *Ulrich Löwenstein / Jochen Maier*, Organschaft und eingeschränkte Verlustnutzung bei doppelt ansässigen Organträgern – Mitwirkung von Dr. Jekyll und Mr. Hyde bei den Neuregelungen des UntStFG, IStR 2002, S. 185 (193).

6   So *Karin Straub*, Persönlichkeitsstörung und Gesellschaftskritik, Frankfurt a.M. 2006, S. 77.

7   Ausf. *Graham Balfour*, The life of Robert Louis Stevenson, Vol. II, New York 1901, S. 1 ff.; *Jenni Calder*, A Life Study. A Biography of Robert Louis Stevenson, Glasgow 1990, S. 194 ff.

8   S. *Michael Rölcke*, Robert Louis Stevenson, München 2014, S. 7, 27; *Graham Balfour*, The life of Robert Louis Stevenson, Vol. I, New York 1901, S. 141.

9   Vgl. hierzu *Michael Rölcke*, S. 39 ff., 63 ff.; *Graham Balfour*, Vol. I, S. 228 ff.

10 So *Michael Rölcke*, S. 53. Zu den Krankheiten während seiner Zeit in Bournemouth vgl. *Hilary Beattie*, Father and Son. The Origins of Strange Case of Dr Jekyll and Mr Hyde, in: The Psychoanalytic study of the child 2001 (56), S. 317 (338).

of Verses", „Kidnapped" und „Memoir of Fleeming Jenkin"[11]. Anfang Oktober 1885 begann Stevenson mit der Niederschrift von Jekyll und Hyde. Innerhalb von sechs Tagen schrieb er die ersten zwei Entwürfe, auch in dieser Zeit war Stevenson sehr krank und litt unter Fieber[12]. Stevenson selbst gab später an, dass ihm drei Szenen der Novelle in einem Albtraum erschienen wären, die auch die zentrale Idee, das eine freiwillige Veränderung zur unfreiwilligen wird, beinhalteten[13]. Seine Frau regte nach einem ersten Entwurf an, diesen zu überarbeiten. Während der erste Entwurf noch überwiegend einer Schauergeschichte geglichen haben soll, wurde die Allegorie erst nachträglich mit eingewoben und vertieft[14]. In einen Brief an seinen Verleger Myers schrieb Stevenson, dass die Letztfassung innerhalb von 10 Wochen entstanden sei[15], und räumte auch autobiographische Züge seiner Figur ein:

> I send you herewith a Gothic gnome for your Greek nymph; but the gnome is interesting, I think, and he came out of a deep mine, where he guards the fountain of tears. It is not always the time to rejoice...
>
> P.S. The gnome's name is Jekyll & Hyde; I believe you will find he is likewise quite willing to answer to the name of Low or Stevenson[16].

Seine Frau Fanny behauptete später, ihr Mann habe an die Verbrecherkarriere des berüchtigten Deacon Brodie gedacht, eines Tischlers aus Edinburgh, der wegen seiner Straftaten gehängt wurde und über den Stevenson zusammen mit Henley ein Theaterstück geschrieben hatte[17]. Stevenson selbst gab später an, dass ihn Herbert Spencer[18] beeinflusst habe. Funny schrieb zudem, dass ihr Mann „tief beeindruckt" von einem Artikel in einer französischen wissenschaftlichen Zeitschrift gewesen sei, den er über das Unterbewusste las[19]. Stevenson

---

11 Vgl. insg. zu dem Verzeichnis seiner Arbeiten *Jenni Calder*, S. 333; ausf. *Graham Balfour*, The life of Robert Louis Stevenson, Vol. II, New York 1901, S. 248 ff.
12 Vgl. *Jenny Calder*, S. 220; *Graham Balfour*, Vol. II, S. 16 f.
13 *Robert Louis Stevenson*, A chapter on dreams, S. 134 (141), in: Robert Louis Stevenson (o. Fußn. 2).
14 So *Alfred Michel*, Robert Louis Stevenson. Sein Verhältnis zum Bösen, Bern 1949, S. 101.
15 S. das Zitat bei *Larry Kreitzner*, S. 129.
16 Robert Louis Stevenson am 02.01.1886 an W. H. Low, zitiert nach *Larry Kreitzner*, S. 129.
17 S. *Hilary Beattie*, S. 317 (340). Vgl. zu Deacon später unter IV.1.
18 Herbert Spencer war ein englischer Philosoph und Soziologe, der von 1820 bis 1903 lebte und als erster die Evolutionstheorie auf die gesellschaftliche Entwicklung anwandte und damit als Vorläufer des Sozialdarwinismus angesehen wird, s. https://de.wikipedia.org/wiki/Herbert_Spencer (zuletzt abgerufen am 26.02.2021).
19 *Funny Stevenson*, Prefatory Note to Dr. Jekyll and Mr. Hyde, Tusitala 1924, S. XVI; vgl. auch Alfred Michel S. 149.

sprach nicht nur fließend Französisch, sondern las auch psychologische Fachliteratur, die er sich sogar nach Samoa schicken ließ[20]. Allerdings wies Stevenson selbst in einem Interview aus dem Jahre 1893 darauf hin, nie von einem Fall doppelter Persönlichkeiten gehört zu haben, bevor er Jekyll and Hyde geschrieben habe. Er sei aber nach der Veröffentlichung von Myers auf den Fall des Lois V. hingewiesen worden, der in einem Krankenhaus in Rochefort untergebracht war[21]. Stiles hält es aber für sehr unwahrscheinlich, dass Stevenson die Frage des Reporters ganz ehrlich beantwortet hat. Denn in den 1870er und 1880er Jahren gab es sehr viele Fallstudien in populärwissenschaftlichen und medizinischen Journalen[22]. Die bekannteste war die des Bordeauxer Arztes Eugène Azam, der in den 1870er Jahren in einer Serie von Artikeln in der Revue Scientifique die Patientin Félida X beschrieb, eine der ersten gespaltenen Persönlichkeiten, die ausführlich medizinisch untersucht wurde[23]. Neben dem Fall der Félida X sieht es Stiles auch als sehr wahrscheinlich an, dass Stevenson von dem französischen Mediziner Ernest Mesnet und seiner Fallstudie eines Soldaten beeinflusst wurde. Der Soldat Sergeant F entwickelte zwei Persönlichkeiten, nachdem seine linke Gehirnhälfte durch eine Schusswunde beschädigt wurde[24]. Sowohl die Fallstudie Félida X als auch die des Sergeant F wurden von dem Journalisten Richard Proctor in einer Serie von Artikeln in den späten 1870er Jahren im Cornhill Magazin veröffentlicht. Da Stevenson in dieser Zeit ebenfalls für das Magazin schrieb, dürfte er höchstwahrscheinlich auch diese Artikel gelesen haben[25].

II. Hyde als Verbrechermensch

Auch wenn im Gegensatz zu den medizinischen Fallstudien der Einfluss kriminologischer Theorien des 19. Jahrhunderts nicht verbürgt ist, so erinnert die Physiognomie von Hyde doch zunächst sehr stark an den atavistischen Straftäter,

---

20 S. *Karin Straub*, S. 78 f.
21 *Robert Louis Stevenson*, Writer of Boundaries, Wisconsin 2006, S. 237.
22 *Anne Stiles*, Robert Louis Stevenson's „Jekyll and hyde" and the Double Brain, in: Studies in English Literature, 1500–1900, Vol. 46, No. 4, 2006, S. 879 (880).
23 Hierzu ausf. *Kim Hajek*, Periodical amnesia and d'doublement in case-reasoning: Writing psychological cases in late 19th-century France, in: History of the Human Science 2020 (33), S. 95 ff.
24 *Anne Stiles*, Popular Fiction and Brain Science in the Late Nineteenth Century, Cambridge 2014, S. 28 f.
25 *Anne Stiles* (Fn. 22), S. 880.

den Cesare Lombroso beschreibt[26]. Nicht nur die „affenähnliche Wut" (S. 25), sondern auch Hydes gespenstischer „Eindruck einer unerklärlichen Missgestaltung" (S. 30) geben Hinweise auf Lombrosos Bild eines „Uomo delinquente". So benennt Lombroso typische morphologische Stigmata des geborenen Verbrechers wie beispielsweise eine fliehende Stirn oder das Vorspringen des unteren Oberkieferknochens[27]. Er sieht in dem Verbrecher eine atavistische Erscheinung, eine Rückentwicklung in eine tiefstehende anatomisch-biologische Entwicklungsstufe bis hin zu tierischen Formen[28]. Die Beschreibungen von Hyde erinnern an Lombrosos Vorstellung des nach außen gekehrten Bösen, wenn Stevenson dem Körper „einen Stempel von Missgestalt und Verfall" aufdrückt, Hyde als „unvollkommene, zwiespältige Menschengestalt" (S. 76) beschreibt, der mit „tierischer Gier" anderen Qualen bereitet (S. 79). Hydes „Anblick erregte selbst auf die weite Entfernung in dem Beobachtenden ein starkes Unbehagen" (S. 15), der „den Eindruck eines Krüppels (machte), obgleich man eine bestimmte Missbildung nicht hätte namhaft machen können" (S. 17). Er „sieht kaum wie ein Mensch aus" und hat „die bloße Ausstrahlung einer verfaulten Seele" (S. 17). „Wie ein „Affe" beugt sich Hyde über chemische Apparaturen (S. 53) und das „Tier… leckte die abgenagten Knochen der Erinnerung" (S. 87), kurz: in Jekyll schlief das Tier Hyde (S. 90).

Ist der Text, um mit Lüderssen zu sprechen, also klüger als der Autor und seiner Zeit voraus[29]? Stiles ist zumindest der Auffassung, dass Lombroso Stevenson nicht beeinflusst haben kann, weil die Artikel Lombrosos erst 1891 einem breiten Publikum in England zugänglich wurden[30]. Richtig ist, dass das bekannteste Werk Lombrosos „L'Uomo delinquente" zwar 1876 zuerst veröffentlicht und bald darauf ins Französische, Deutsche und in andere Sprachen übersetzt wurde, „überraschenderweise" zunächst jedoch nicht ins Englische[31]. Zu bedenken bleibt allerdings, dass Stevenson mehrere Sprachen beherrschte, u.a. Deutsch

---

26 Vgl. auch *Joyce Carol Oates*, Jekyll / Hyde, in: The Hudson review 1988 (Bd. 40.4), S. 603 (606).

27 Mit weiteren Beispielen *Karl-Heinz Hering*, Der Weg der Kriminologie zur selbständigen Wissenschaft, Hamburg 1966, S. 49 f.; s. auch *Teodolindo Castiglione*, Lombroso und die heutige Kriminologie, Hamburg 1970, S. 52.

28 So die Bewertung von *Karl-Heinz Hering*, S. 51.

29 *Klaus Lüderssen*, Der Text ist klüger als der Autor. Kriminologische Bemerkungen zu Theodor Fontanes Erzählung „Unterm Birnbaum", in: ders., Produktive Spiegelungen. Recht und Kriminalität in der Literatur, Frankfurt a.M. 1991, S. 197 (218).

30 So *Anne Stiles* (Fn. 22), S. 883.

31 S. *Hermann Mannheim*, Vergleichende Kriminologie, Bd. 1, 2. Aufl. (1966), Stuttgart, S. 249 f.

und Französisch[32], und es demnach – auch vor dem Hintergrund seines rechtswissenschaftlichen Studiums und seinem selbst beschriebenen Einfluss durch Herbert Spencer – wahrscheinlich ist, dass er auch die anthropometrischen Beschreibungen der „Verbrechertypen" von Lombrosos kannte, als er Jekyll und Hyde schrieb. Diese Verkörperung animalischer Instinkte findet sich nämlich wie geschildert in diversen äußerlichen Beschreibungen Hydes wieder, ja selbst in der Verwandlung Jekylls in Hyde, da Jekyll als ein „großer, schön gewachsener Mann" im Gegensatz zu Hyde dargestellt wird, der „beinahe ein Zwerg" war (S. 51). Insofern wird aus dem Arzt der oberen Mittelklasse in der rückschrittlichen Version ein verformter Mensch der Unterschicht[33], ein winziger Mann, dessen Kleider „ungeheuer viel zu groß für ihn" (S. 66) waren. Und während Dr. Jekyll in einer Straße wohnte, die „etwas Einladendes" hatte und „von ihrer schäbigen Nachbarschaft hervorstach wie ein Feuer in einem Walde" (S. 2 f.), so ist doch von der anderen Seite des Häuserblocks ein „finster aussehendes Gebäude" zu erkennen mit einer „blinde(n) Stirn von schmutzigen Mauern", das „Merkmale einer langen, schmutzigen Vernachlässigung" zeigt (S. 3) und aus dessen Eingang Hyde entschlüpft. Nabokov hat in seinen Vorlesungen über westeuropäische Literatur darauf hingewiesen, dass sich auch in dem Haus eine Mischung der beiden gegensätzlichen Figuren, ein Symbol der Beziehung zwischen Jekyll und Hyde zeigt[34]. So wie das düstere, fensterlose Gebäude mit dem abstoßenden Hyde assoziiert wird, repräsentiert das stattliche Domizil seinen angesehenen Besitzer Dr. Jekyll[35].

Hyde wird aber nicht nur als animalisch beschrieben, sondern auch seine Taten zeichnen sich durch primitives Verhalten aus. Schon bei dem Übergriff auf das Kind „trampelte" er „ganz ruhig ... auf den Leib" und es war, „wie wenn nicht ein Mensch das getan hätte, sondern ein teuflischer Götze" (S. 4). Bei der Tötung des alten Herren tritt Hyde „mit einer affenähnlichen Wut sein Opfer unter die Füße" und lässt „einen Sturm von Hieben auf ihn herniederhageln, unter denen der Schädel hörbar zerschmettert" wird (S. 25). Diese Primitivität mündet letztlich in unbegreifliche – grundlose – Aggression, das Unerklärliche wird als Wahnsinn gedeutet: Hyde „stürzte ... wie ein Wahnsinniger vorwärts" (S. 25), „Der Mann war natürlich wahnsinnig" (S. 35).

---

32 S. *Michael Rölcke*, S. 39.
33 So *Wong Hiu Wai*, The Imagination of Crominals in Victorian London in Strange Case of Dr. Jekyll and Mr. Hyde, in: Interlitteraria 2019 (24), S. 81 (88).
34 S. *Vladimir Nabokov*, Der sonderbare Fall von Dr. Jekyll und Mr. Hyde (1885), in: Vorlesungen über westeuropäische Literatur, Hamburg 2014, S. 357 (369).
35 *Burkhard Niederhoff*, Erzähler und Perspektive bei Robert Louis Stevenson, Würzburg 1992, S. 30.

Lombroso modifizierte im Laufe seiner Veröffentlichungen seine Ansichten[36] und erkannte insbesondere auch die Existenz von geisteskranken Verbrechern an[37]. 1886 und damit in der Tat nach dem Erscheinen der Novelle Jekyll und Hyde hat Tarde beispielsweise in Kritik an Lombrosos Lehre darauf hingewiesen, dass man das Verbrechen nicht gleichzeitig als eine Art von Geisteskrankheit erklären könne, wenn man es als Atavismus beschreibe[38]. Und tatsächlich ist Hyde mehr als das Abbild eines Lombroso'schen Verbrechertypus. Vielmehr stellt Stevenson die Verbindung dazu her, dass physische Phänomene auch auf Psychisches und Moralisches verweisen können[39], so dass die Novelle mehrdimensional viele Facetten von Gut zu Böse, von Doppelmoral zu Doppelgänger, von Verantwortlichkeit zu Verantwortungslosigkeit, von Moral zu Amoral abbildet.

Insofern ist Stevenson dann zumindest was die Entwicklung der modernen Kriminologie betrifft, seiner Zeit voraus. Denn während man im 19. Jahrhundert noch glaubte, dass der böse Charakter in irgendeiner Form äußerlich sichtbar sei, so wendete die Kriminologie des 20. Jahrhunderts den Blick doch zunehmend nach innen und fokussierte demzufolge nicht mehr auf den Körper, sondern auf den Geist des Verbrechers[40]. Dieser Blick auf das Innere wird auch durch die junge Disziplin der Psychologie verstärkt, die sich schon zu Lebzeiten Stevensons etablieren kann.

III. Die gespaltene Persönlichkeit

Am häufigsten diskutiert wird die in der Novelle angelegte gespaltene Persönlichkeit, die von Stevenson dadurch auf die Spitze getrieben wird, indem die zwei Persönlichkeiten als zwei Personen erscheinen, nämlich Jekyll und Hyde.

36　Vgl. *Thomas Vormbaum*, Einführung in die moderne Strafrechtsgeschichte, Heidelberg, 2. Aufl. (2011), S. 134.
37　*Hermann Mannheim*, S. 251.
38　*Gabriel Tarde*, La criminalité comparée, 1. Aufl. (1886), Kap. 1; vgl. hierzu auch *Hermann Mannheim*, S. 254.
39　So *Burkhard Niederhoff*, S. 29.
40　S. auch *Frida Kristinsdóttir*, „If he be Mr Hyde... I shall be Mr Seek": Robert Louis Stevenson's Strange Case of Dr Jekyll and Mr Hyde and it's place within crime fiction, University Háskóli Island, 2011, S. 18.

1. Deacon Brodie

Der Fall des Deacon Brodie wird immer wieder herangezogen, wenn es um historische Vorbilder für die Novelle geht[41]. So soll das Kindermädchen Alison Cunningham, von Stevenson nur als „Cummie" bezeichnet[42], ihrem Zögling nicht nur die Geschichte des Deacon Brodie erzählt, sondern ihn auch darauf hingewiesen haben, dass ein wertvolles Schränkchen des Kunsttischlers und Einbrechers in Stevensons Kinderzimmer steht[43]. Auch seine Frau Funny wies auf den Einfluss des Falls auf die Novelle hin. Richtig ist, dass Stevenson schon einige Jahre vor der Novelle zusammen mit William Ernest Henley ein Theaterstück namens Deacon Brodie verfasste, das in Bradford uraufgeführt wurde[44]. 1883 schrieb Stevenson an seinen Vater: „The theatre is the gold-mine"[45].

William Brodie war ein angesehener Bürger Edinburghs, Mitglied im Stadtrat und Deacon of the Wrights. Hauptberuflich war er Kunsttischler und zudem in der Handwerkerinnung tätig. Nachts wurde Brodie aber zum Einbrecher und Dieb. Er wurde überführt, für eine Serie von Einbrüchen verantwortlich zu sein, die in Edinburgh begangen wurden. Da er als führender Handwerker der Stadt Aufträge aus den reichsten Familien der Edinburgher Gesellschaft bekam, konnte er sein dadurch erlangtes Wissen nutzen, um die Sicherheitsvorkehrungen seiner Kunden zu umgehen und an das Diebesgut zu gelangen. Das erbeutete Geld verbrauchte er, um seine geheime Spielleidenschaft zu finanzieren. Außerdem hatte er fünf Kinder und zwei Geliebte, die unterhalten werden mussten. Nachdem er zunächst allein auf Beutezug ging, engagierte er später eine Bande von drei Dieben und organisierte einen bewaffneten Überfall, bei dem einer der Bandenmitglieder gefangen genommen wurde und seine Mittäter verriet – u.a. auch Deacon Brodie. Obwohl Brodie zunächst floh, wurde er später in Amsterdam verhaftet, nach Edinburgh überführt und dort angeklagt. Das Verfahren im Jahr 1788 endete mit einem Schuldspruch und Brodie wurde am 1. Oktober 1788 am Galgen erhängt[46].

---

41 S. *John Sibbald Gibson*, Deacon Brodie. Father to Jekyll & Hyde, Edinburgh 1993, S. 11; *Irving Saposnik*, The Anatomy of Dr. Jekyll and Mr. Hyde, in: Studies in English literature 1500–1900, Bd. 11, 1971, S. 715 (721).
42 *Graham Balfour*, The Life of Robert Louis Stevenson, Vol. I, S. 40; *Michael Rölcke*, S. 19.
43 S. *John Sibbald Gibson*, S. 127 f.; *Michael Rölcke*, S. 23.
44 *Jenny Calder*, S. 125; *Michael Rölcke*, S. 91.
45 S. *Graham Balfour*, The Life of Robert Louis Stevenson, Vol. II, S. 3.
46 Hierzu vgl. ausf. *William Roughead*, Trial of Deacon Brodie, Edinburgh 1906, als PDF online abrufbar unter: https://www.tradeshouselibrary.org/uploads/4/7/7/2/47723681/trial_of_deacon_brodie_~_1906.pdf (zuletzt abgerufen am 06.03.2021). Vgl. auch *John Sibbald Gibson*, S. 14 ff.

Auch wenn Deacon Brodie eine Art Doppelleben[47] als ehrbarer Bürger am Tag und Einbrecher in der Nacht führte, so scheint doch dieses Doppelleben rational gewählt zu sein, um seiner Spielleidenschaft und seinen Bedürfnissen nachzukommen. Die gute und böse Seite des Deacon Brodie wird zwar sichtbar, bleibt aber doch blass vor dem Hintergrund der widerstreitenden Seiten eines Menschen. Auch medizinische Auffälligkeiten scheint es bei ihm nicht gegeben zu haben, so dass es nicht um die Frage der Zurechnungsfähigkeit vor Gericht ging, sondern um die der Beweisbarkeit der Tat(en)[48]. Insofern leistet die Novelle von Stevenson deutlich mehr, als es der historische Fall Deacon Brodie als eines der Vorbilder für den Autor kann.

2. Medizinischer Hintergrund

Wie bereits oben erwähnt, beschäftigten sich in dem letzten Viertel des 19. Jahrhunderts besonders französische Mediziner und Psychologen mit dem Phänomen des Doppelbewusstseins und der scheinbaren Persönlichkeitsspaltung[49]. Neben den Fallstudien gab es theoretische Abhandlungen. Beispielsweise wurde die These vertreten, dass duale Persönlichkeitsstörungen zusammen mit anderen Formen des Wahnsinns und der Kriminalität aus einer übergroßen rechten Gehirnhälfte resultieren, so dass die rationalen Aktivitäten der linken Gehirnhälfte beeinträchtigt werden. Der Physiologe Ferrier hat z.B. bei der Autopsie einer Kindsmörderin eine auffallend abnorme verkümmerte linke Gehirnhälfte festgestellt[50]. Während einige biologische Deterministen eine Heilungsmöglichkeit ausschlossen, behaupteten andere, dass die Geisteskranken ihre unausgeglichenen Hemisphären neu ausrichten könnten und empfahlen verschiedene Übungen, um eine oder beide Gehirnhälften zu stärken[51].

Diese Fähigkeit zur Selbstregulierung verliert Dr. Jekyll im Laufe der Erzählung. Seine triebhafte Gehirnhälfte, „der böse Teil" seiner „Natur" war zunächst „weniger kräftig und weniger entwickelt wie der gute Teil... das Böse (war) viel weniger geübt" (S. 75). Die Erkenntnis, dass „der Körper Edward Hydes größer" wurde (S. 81) deutet dann auf den Zuwachs der rechten Gehirnhälfte und auf das Ausbreiten des Bösen in Jekyll hin: „ich verlor langsam die Herrschaft über mein ursprüngliches und besseres Ich und verkörperte mich langsam in mein

---

47 So auch der Titel des Romans von *David Hutchison*, Deacon Brodie, A Double Life, Greenfield 2015.
48 Vgl. *John Sibbald Gibson*, S. 63 ff.; *William Roughead*, S. 87 ff.
49 S. auch *Alfred Michel*, S. 148.
50 *David Ferrier*, The Brain of a Criminal Lunatic, in: Brain, Vol. 5/1, 1882, 62 (64 ff.).
51 Näher hierzu *Anne Stiles*, S. 879 (886).

zweites und schlechteres Ich" (S. 82). Je häufiger Hyde und damit das Böse entfesselt wird, desto größer wird Hyde und desto weniger kann Jekyll Einfluss nehmen. Deutlich wird die Verknüpfung der beiden Persönlichkeiten mit der linken und rechten Gehirnhälfte dann auch dadurch, dass Hyde und Jekyll unterschiedliche Schreibweisen verwenden: „die beiden Handschriften sind in vielen Punkten identisch; nur die Richtung der Buchstaben ist verschieden" (S. 36)[52].

Auch in der oben schon angesprochenen Fallstudie Félida X wechselt der Zustand, allerdings von melancholisch und mürrisch im ersten bis zu glücklich und tugendhaft im zweiten[53]. Hinzu kommt, dass Félida beim Übergang von einem Zustand in den nächsten schmerzhafte Attacken an beiden Schläfen erlitt und bewusstlos wurde[54]. Gleiche Symptome waren bei Sergeant F. festzustellen[55]. Diese körperlichen Schmerzen lässt Stevenson auch Jekyll bei seinem Persönlichkeitswechsel empfinden: er verspürt „folternde Schmerzen" (S. 74), „Schmerzen der Auflösung" (S. 76) und „Schmerzen der Verwandlung". Allerdings werden die „Schmerzen bei der Verwandlung... von Tag zu Tag geringer" (S. 91), ein Hinweis darauf, dass es kaum noch einer Verwandlung bedarf, sondern vielmehr Hyde schon übermächtig geworden ist und von Jekyll Besitz ergriffen hat.

Eine weitere Übereinstimmung hinsichtlich der authentischen Fälle besteht insofern auch darin, dass der zweite Persönlichkeitszustand im Laufe der Zeit anwächst und auch vollständig dominieren kann[56]. Auch die zweite Persönlichkeit des Sergeant F. hat Gemeinsamkeiten mit Hyde, Sergeant F. wirkt in seinem zweiten Zustand „bestialisch", so dass die Animalität und die verminderten moralischen Fähigkeiten hier das bindende Glied sind[57]. Daher resümiert Stiles, dass zumindest der zeitgenössische Leser von Stevensons Novelle die Ähnlichkeit zwischen seinem Protagonisten und den spätviktorianischen Fällen von multipler Persönlichkeitsstörungen, insbesondere auch an den Symptomen beim Wechsel der Persönlichkeiten, erkannt haben müsse[58].

52　S. hierzu auch *Anne Stiles*, S. 879 (888).
53　*Kim Hajek*, S. 95 ff.
54　*Richard Proctor*, Dual Consciousness, in: Cornhill Magazine 35, 205, Jan. 1877, S. 86 (90).
55　*Anne Stiles*, S. 879 (892).
56　S. *Richard Dury*, Crossing the Bounds of Single Identity: Dr. Jekyll and Mr. Hyde and a Paper in a French Scientific Journal, in: Robert Louis Stevenson, Writer of Boundaries, Wisconsin 2006, S. 237 (244)
57　S. *Anne Stiles*, S. 879 (894).
58　*Anne Stiles*, S. 879 (893).

Trotz der Anleihen bei den historisch verbürgten Fallstudien bleibt Stevenson nicht bei einer Wiedergabe und Fiktionalisierung der Fälle stehen, sondern verfremdet die Studien, indem der Arzt Dr. Jekyll zum Patienten gemacht wird, der „seltsame Fall" betrifft nicht das klassische Arzt-Patienten-Verhältnis, sondern der Arzt selbst ist krank und Gegenstand der Untersuchung. Stiles sieht hierin eine Ironisierung der Machtverhältnisse der Medizin des 19. Jahrhunderts. Die Ärzte waren männlich und konstruierten überwiegend den stereotyp weiblichen Wahnsinn, zumal insbesondere die Fälle doppelter und multipler Persönlichkeitsstörungen in der Mehrheit Frauen waren. Durch den männlichen Protagonisten Dr. Jekyll wird nicht nur die sexuelle Hierarchie umgekehrt, auf der die klinischen Untersuchungen aufgebaut waren, letztlich wird auch der Objektivitätsanspruch dadurch in Frage gestellt, dass der Arzt selbst der Patient ist, der in seiner gespaltenen Subjektivität gefangen ist. Hierin kann zugleich eine Kritik Stevensons an den Fallstudien gesehen werden[59].

Dadurch deutet sich eine weitere Dimension der Novelle an, nämlich die der Psychoanalyse und der Untersuchung unbewusst psychischer Vorgänge. Denn Freud betrachtete nicht nur seine Patienten, sondern führte gleichzeitig Selbstanalysen durch, um eine umfassende Persönlichkeitstheorie zu entwickeln, die auch vor dem Behandler nicht Halt machte[60]. Auch wenn Freud seine Theorien erst einige Jahre nach Entstehen von Jekyll und Hyde veröffentlichte[61], so hat doch bereits zuvor der Naturphilosoph und Mediziner Carl Gustav Carus den Begriff des „Unbewusstseins" geprägt[62]. Insofern zeichnete sich eine zunehmende Psychologisierung auch schon Mitte des 19. Jahrhunderts ab[63]. Daher verwundert es nicht, wenn die Novelle „unwillkürlich an die moderne Tiefenpsychologie, wie sie vor allem von Freud ausgebildet worden ist, erinnert"[64]. Insofern wird vertreten, dass Jekyll und Hyde auch das Freud'sche Es, Ich und Über-Ich verkörpern. Jekyll wird als Darstellung des Ich oder möglicherweise

---

59 *Anne Stiles*, S. 879 (895 f.).
60 Vgl. *David Myers*, Psychologie, Heidelberg 2005, S. 567 ff.; ausf. zu psychodynamischen Theorien *Richard Gerrig / Philip Zimbardo*, Psychologie, München, 18. Aufl. (2008), S. 515 ff.
61 Die 18 Bände seiner Theorie wurden zwischen 1888 und 1939 veröffentlicht, s. *David Myers*, S. 567.
62 S. *Johannes Hirschberger*, Geschichte der Philosophie, Bd. II, Neuzeit und Gegenwart, Freiburg, 6. Aufl. (1980), S. 393. *Carl Gustav Carus*, Psyche. Zur Entwicklungsgeschichte der Seele, Pforzheim 1846, S. 1: „Der Schlüssel zur Erkenntnis des Wesens des bewussten Seelenlebens liegt in der Region des Unbewusstseins".
63 Vgl. *Athena Vrettos*, Victorian Psychology, in: Patrick Brantlinger / William Thesing, A Companion to the Victorian Novel, Oxford 2005, S. 67 (69).
64 *Alfred Michel*, S. 147.

Über-Ich gesehen, während Hyde das Es symbolisiert[65]. Hyde verkörpert die bösen Triebe, wird als weniger entwickelt und zumindest zunächst meist unterdrückt beschrieben, was auf das Unbewusste dieser dunklen Seite hindeutet[66]. Da Jekyll und Hyde eine Person ist, wird deutlich, dass der Protagonist beides vereint, er ist nicht nur das Ich, sondern auch das Es[67], das immer mehr Besitz von ihm ergreift. Durch diese Seite des Bösen, die sich Bahn bricht, tut sich eine weitere Lesart auf, nämlich die des Widerstreits zwischen Gut und Böse.

3. Die brüchige Moral oder der Kampf zwischen der guten und bösen Seite im Menschen

Da Stevenson selbst den Einfluss Herbert Spencers auf sein Werk einräumte[68], kann bei dieser Lesart die von Spencer begründete Evolution der Moral fruchtbar gemacht werden. Spencer wandte als einer der ersten Darwins Evolutionstheorie auf die gesellschaftliche Entwicklung an und gilt so als Vorläufer des Sozialdarwinismus[69]. In seinen Werken „First Principles" und „Principles of Psychology" vertrat er die Ansicht, dass sich die Menschheit durch die vererbte Weitergabe von moralischen Gefühlen von einem primitiven zu einem sozialen Zustand entwickelt habe[70]. Dieser Konflikt zwischen der primitiven Sehnsucht nach Selbstbefriedigung und dem zivilisierten Bedürfnis nach sozialer Anerkennung[71] wird in Henry Jekylls vollständigem Bericht über den Fall wiedergegeben, indem die „Gegenpol-Zwillinge unaufhörlich miteinander kämpfen mussten" (S. 73). Hyde ist in diesem Sinne keine reine Bestie, sondern es mangelt ihm an den selbst auferlegten Beschränkungen der anderen Mitglieder der

---

65 S. *Ashley Yount*, The Depressive Dr. Jekyll and Manic Mr. Hyde, in: Coastlines, Vol. 1, Iss. 6 (2019), Art. 7, S. 21 (24), abrufbar unter: https://aquila.usm.edu/cgi/viewcontent.cgi?article=1082&context=coastlines (zuletzt abgerufen am 13.03.2021).
66 *Alfred Michel*, S. 147, 149.
67 So auch *Ashley Qount*, S. 21 (26).
68 *Robert Louis Stevenson*, Books which have influenced me, 1887, abrufbar unter: https://www.crisismagazine.com/2015/books-influenced (zuletzt abgerufen am 13.03.2021).
69 Vgl. *Johannes Hirschberger*, Bd. II, S. 532 f.; *Peter Prechtl / Franz-Peter Burkard* (Hrsg.), Metzler Philosophie Lexikon, Stuttgart, 2. erw. Aufl. (1999), S. 552.
70 S. hierzu *Christine Persak*, Spencer's Doctrines and Mr. Hyde: Moral Evolution in Stevenson's „Strange Case", in: The Victorian newsletter 1994, Bd. 86, S. 13.
71 So auch *Christine Persak*, S. 13 (16).

Gesellschaft[72]. Indem das lästige Gewissen ausgeschaltet wird, ist ein ungestörtes Genießen möglich[73]. Doch im Laufe der Geschichte entwickelt sich die zunächst verhältnismäßig harmlose Lebenslust zu einem zügellosen, hemmungslosen Ausleben der Triebe[74]. Mit Jekylls Verwandlung in Hyde kommt das Gefühl, „von den Banden der Pflicht befreit" (S. 74 / 75 f.) zu sein, d.h. die Verpflichtung gegenüber der Gesellschaft aufzulösen[75].

Trotz dieser Loslösung oder gerade deswegen glaubt Dr. Jekyll zunächst, das Böse in sich isolieren und ihm so ohne Schaden für seine Gesamtpersönlichkeit und seinen Ruf Platz neben dem ehrbaren Arzt einräumen zu können[76]. Dadurch, dass Jekyll Hyde nicht als ein Teil seines eigenständigen Charakters begreift, sondern als ein unabhängiges Individuum, wird es für ihn möglich, weiterhin moralisch untadelig zu erscheinen[77]. Letztlich symbolisiert die doppelte Persönlichkeit die Doppelmoral, da Jekyll die Vorzüge des ehrbaren Bürgers genießen und gleichwohl seine inneren Triebe befriedigen möchte. Die Abspaltung und Trennung der Eigenschaften misslingt allerdings. Denn wie sich herausstellt, ergreift Hyde immer mehr Besitz von Jekyll. Dies zeigt sich nicht nur im äußerlichen Wachstum von Hyde[78], sondern auch darin, dass Hyde von Jekyll unkontrolliert Besitz ergreift: „Ja, ich war als Henry Jekyll zu Bett gegangen und als Edward Hyde aufgewacht" (S. 81). Insofern misslingt die bewusste Abspaltung von Gut und Böse. Jekyll musste erkennen,

> dass nicht mehr wie im Anfang die Schwierigkeit darin bestand, den Körper Jekylls abzustreifen, sondern dass in der letzten Zeit ganz allmählich, aber deutlich die Schwierigkeit auf dem umgekehrten Wege sich gezeigt hatte. Mir schien daher aus allem dies hervorzugehen: ich verlor langsam die Herrschaft über mein ursprüngliches und besseres Ich und verkörperte mich langsam in mein zweites und schlechteres Ich (S. 82).

Trotz dieser Erkenntnis kann sich Jekyll nicht als Hyde sehen, noch am Ende seines Selbstberichts spricht er vom „Grausen vor meinem anderen Ich" (S. 91). Insofern sind seine beiden widerstreitenden Seiten „der Wahrheit" geschuldet, „dass der Mensch nicht ein Mensch ist, sondern in Wirklichkeit aus zwei Menschen besteht" (S. 72). Diese „gründliche und ureigene Dualität des Menschen",

---

72 *Katrin Straub*, S. 129.
73 *Alfred Michel*, S. 103.
74 So auch *Alfred Michel*, S. 104.
75 S. hierzu *Christine Persak*, S. 13 (S. 16).
76 S. *Alfred Michel*, S. 132.
77 S. *Katrin Straub*, S. 287 f.
78 Vgl. auch *Alfred Michel*, S. 132 f.

die „beiden Naturen" (S. 72) treibt Jekyll durch die nach außen sichtbare Abspaltung von Hyde als dem verkörperten Bösen auf die Spitze. Dass dieser Versuch scheitern muss, erklärt Jekyll quasi selbst, indem er erkennt, dass „alle menschlichen Wesen, wie wir sie treffen, aus Gutem und Bösem gemischt sind" (S. 76). Die künstliche Trennung der Pole muss zwangsläufig scheitern, weil sich so der Ausgleich der Extreme auflöst. Die von gesellschaftlichen Zwängen entfesselte Moral hat keine Selbstregulativen mehr, der tugendhafte Jekyll nicht mehr die Kraft, den entfesselten Hyde einzufangen.

Dennoch wird Jekyll nicht müde, sich von Hyde zu distanzieren, Hyde wird als etwas Getrenntes und (zunächst) Kontrollierbares wahrgenommen[79]: „Er, sage ich – ich kann nicht sagen: Ich" (S. 89). Der spätere Kontrollverlust wird dadurch möglich, dass Jekyll seine dunkle Seite als Teil seiner selbst nicht akzeptieren kann. Letztlich besteht Henry Jekylls Tragödie darin, dass er seine beiden Naturen nicht in Einklang bringen und erkennen kann, dass man versuchen muss, mit seinen multiplen Charaktereigenschaften, mit Gut und Böse in Harmonie zu leben. Denn ohne Jekyll hätte es einen Hyde nie geben können und ohne Hyde kann man auch Jekyll nicht als vollständige Persönlichkeit begreifen[80].

Jekyll macht es sich insofern leicht, wenn er die Verantwortung von sich schiebt und für die Taten allein Hyde die Schuld gibt, denn sein „Teufel ... sprang nun mit Gebrüll hervor" und entfesselte Hydes „vollständige moralische Gleichgültigkeit und seine sinnlose Bereitschaft zum Bösen" (S. 84). Insofern deutet sich eine weitere Lesart der Novelle an, da diese künstliche Abspaltung des Bösen auch die Frage nach der Verantwortlichkeit des Protagonisten aufkommen lässt.

IV. Diskurse der Verantwortlichkeit

Dabei muss man zwei Diskurse zur Verantwortlichkeit differenzieren. Zum einen geht es bei der Verwendung der Chemikalie, durch die Jekyll zu Hyde wird, um die Frage der Zurechnungsfähigkeit bei Drogenkonsum. Zum anderen geht es um den „Wahnsinn", den nicht nur Utterson festzustellen glaubt (S. 41), sondern auch Jekyll in seinem Selbstbericht („tragischer Wahnsinn", S. 86) beschreibt. Dieser vordergründige Wahnsinn ist aber letztlich der Verwandlung Jekyll in Hydes geschuldet, so dass es um die Verdrängung eigener Verantwortung geht, indem Hyde von Jekyll erschaffen wird.

---

79 Zu den unterschiedlichen Erzählperspektiven vgl. *Burkhard Niederhoff*, S. 54 f.
80 Hierzu auch *Irving Sapsonik*, S. 715 (724, 727); *Colin Manlove*, „Closer than an Eye": The Interconnection of Stevenson's Dr. Jekyll and Mr. Hyde, in: Studies in Scottish literature 1988 (Bd. 21), S. 86 (94).

1. Drogenkonsum und die Illusion der Selbstkontrolle

Auch wenn die Erkenntnis der beiden Naturen des Menschen schon vor dem chemischen Experiment in Jekyll gereift ist, so führt doch symbolisch erst das Mischen des Tranks (S. 78) dazu, die bösen Triebe zu entfesseln. Durch die weitere Einnahme des Tranks kommt es dann zur Rückumwandlung in Jekyll (S. 81). Diese Möglichkeit der Aufspaltung führt Jekyll zunächst „in Versuchung", bald aber in „Knechtschaft" (S. 77). Insofern verliert er langsam „die Macht freiwilliger Veränderung" (S. 82), bis es „nur durch eine große Anstrengung und unter der unmittelbaren Wirkung des Tranks" möglich wird, an der „körperliche(n) Gestalt Jekylls festzuhalten" (S. 90). Schließlich bedarf es keines Tranks mehr, um Hyde zu entfesseln, vielmehr bricht sich Hyde Bahn und Jekyll kommt nur noch selten („fast ein Wunder!" S. 93) zum Vorschein. Tragisch ist, dass Jekyll machtlos ist, Rückumwandlungen durch den Trank vorzunehmen, da sich zeigt, dass die ursprüngliche Mixtur verunreinigt war und sich mit herkömmlichen Mitteln nicht mehr herstellen lässt. Daher sieht Manlove die Droge selbst auch als ziemlich unwichtig an. Nicht die gewohnheitsmäßige Verwendung der Chemikalien, sondern die gewohnheitsmäßige Entscheidung, sie zu verwenden, haben zur verstetigenden Verwandlung in Hyde geführt[81]. Dies ist meines Erachtens zu kurz gegriffen, ist es doch häufig die Entscheidung des Konsums, die den Süchtigen macht und nicht die Sucht selbst. Diese resultiert aus der Entscheidung bis sich beides gegenseitig bedingt und die Entscheidung nicht mehr selbstbestimmt ist, sondern durch die Sucht determiniert ist.

Insofern kann man in der Novelle schon Parallelen zur Drogensucht erkennen. Denn der Süchtige wird, genau wie Jekyll, immer irrtümlich annehmen, dass er den Gebrauch und die Wirkung seiner Rauschmittel regulieren kann[82]. Die Illusion der Selbstkontrolle, der anfänglich auch Jekyll erliegt, verstärkt die Abhängigkeit des Süchtigen. Dadurch beginnen die Süchtigen, sich von der Realität abzuschirmen[83]. Dies wird besonders deutlich, indem sich Jekyll von Hyde distanziert. Die Droge, die Jekyll in Hyde verwandelt, führt letztlich dazu, dass Jekyll in dem personifizierten berauschenden Zustand als Hyde seinen sadistischen Trieben nachgeht[84]. Da er sich aber vorsätzlich selbst in den

---

81 So *Colin Manlove*, S. 86 (96).
82 *Daniel Wright*, „The prisonhouse of my disposition": A study of the psychology of addiction, in: Studies in the novel 1994, Bd. 26, S. 254 (255).
83 *Daniel Wright*, S. 254 (256).
84 Vgl. *Daniel Wright*, S. 254 (257).

berauschenden Zustand versetzt, um seine Triebe ausleben und verbrecherische Handlungen begehen zu können, wird man ihn von seiner Verantwortung nicht lossagen können. Der Drogenkonsum wird bewusst eingesetzt, damit nicht Jekyll, sondern Hyde die Taten begeht. Hier fühlt man sich an die Rechtsfigur der *actio libera in causa* erinnert, die eine vorverlagerte Verantwortlichkeit beschreibt. So können auch im Zustand der Schuldfähigkeit vorgenommene Handlungen, die nach allgemeinen Grundsätzen nicht mehr Teil einer rechtswidrigen Tat sind, eine strafrechtliche Verantwortlichkeit für die spätere Tat begründen, soweit der Täter bei dieser späteren Tat allein aufgrund des zurechenbares Vorverhaltens schuldunfähig ist[85]. Versetzt sich also ein Täter absichtlich in einen Rauschzustand, um im Zustand der Schuldunfähigkeit eine Straftat zu begehen, so wird im modernen deutschen Strafrecht durch die sehr umstrittene Rechtsfigur der actio libera in causa eine Strafbarkeit konstruiert[86]. Der Ursprung der Rechtsfigur reicht aber bis in die Antike und das kanonische Recht zurück. Wesentlich ist sie von Pufendorf beeinflusst worden[87]. Pufendorf hatte im 17. Jahrhundert einen Lehrstuhl für Naturrecht in Deutschland inne und nahm Einfluss auch über die Grenzen Deutschlands hinaus bis in den englischsprachigen Raum[88]. Er unterschied zwischen dem, was „in se" (an sich selbst) und dem, was „in sua causa" (in seiner Ursache) in der Macht des Menschen gestanden hat[89]. Seine Zurechnungslehre breitete sich schnell in ganz Europa aus[90]. Gut möglich, dass ihr auch Stevenson im Rahmen seines Jurastudiums begegnet ist. Ob er an sie bei der Novelle gedacht hat, mag dahinstehen, zumindest ist ihm die generelle Kenntnis der strafrechtlichen Materie nicht unbekannt, was sich auch in seiner Auseinandersetzung mit Verantwortlichkeit und strafrechtlicher Schuld im Rahmen der Geschichte zeigt.

---

85 S. *Fischer*, StGB, 76. Aufl. (2020), § 20 Rn. 49.
86 S. *Safferling*, in: Matt / Renzikowski, StGB, München, 2. Aufl. (2020), § 20 Rn. 77.
87 Vgl. *Hannskarl Salger / Norbert Mutzbauer*, Die actio libera in causa – eine rechtswidrige Rechtsfigur, NStZ 1993, 561.
88 Vgl. *Hinrich Rüping / Günter Jerouschek*, Grundriss der Strafrechtsgeschichte, München, 5. Auf. (2007), Rn. 155; s. *Joachim Hruschka*, Imputation, in: Brigham young university law review 1986, 669 (670), abrufbar unter: https://www.law.upenn.edu/institutes/cerl/conferences/actiolibera/reading/Imputation%20(Hruschka).pdf (zuletzt abgerufen am 14.03.2021).
89 S. *Joachim Hruschka*, Probleme der actio libera in causa heute, JZ 1989, 310; ausf. *Ders.*, Ordentliche und außerordentliche Zurechnung bei Pufendorf, ZStW 96 (1984), S. 661 ff.
90 *Joachim Hruschka* (Fn. 88), S. 669 (689).

2. Verantwortlichkeit und strafrechtliche Schuld

Wie bereits oben erwähnt schiebt Jekyll nicht nur die Verantwortlichkeit komplett auf Hyde[91], in einigen Textstellen wird Jekyll selbst mit Wahnsinn und Realitätsverlust in Verbindung gebracht. Dies beginnt schon früh, als Dr. Lanyon – zwar noch eher auf die Wissenschaft bezogen – von „geistige(n) Abwege(n)" (S. 12) Jekylls spricht. Auch wird Jekyll eine „seltsam veränderte(r) Stimme" (S. 31) bescheinigt. Jekyll verliert „das Vertrauen zu … (sich) selber", ein Zeichnen dafür, dass er sich selbst verliert und bildlich in den Wahnsinn abgleitet. Das „kranke(s) Aussehen" (S. 38) lässt dann ebenfalls auf innere Konflikte schließen, indem Lanyon Jekyll in dem Zusammenhang als „verlorene(n) Mann" (S. 38) bezeichnet.

Der Wahnsinn wird dem plötzlichen Wechsel von Gut und Böse – Jekyll und Hyde – zugeschrieben: „Ein so großer und plötzlicher Wechsel deutet auf Wahnsinn" (S. 40). Schließlich ist es aber allein Hyde, der als Wahnsinniger betitelt wird, nicht aber Jekyll: „Der Mann (der Täter) war natürlich wahnsinnig" (S. 36). Es wird ein „Fall von Gehirnkrankheit" (S. 65) aber auch eine „moralische Schändlichkeit" (S. 70) bescheinigt. Dies setzt sich fort, soweit Jekyll in seinem Selbstbericht die moralische Verantwortung nicht in dem Teil seiner bösen Natur sieht, sondern allein Hyde und „seine sinnlose Bereitschaft zum Bösen" (S. 84) verantwortlich macht. Durch diese Abspaltung wird es für Jekyll möglich, die Taten dem „Teufel" zuzuschreiben, da „kein geistig gesunder Mensch … dieses Verbrechen aus so jämmerlichen Anlass (hätte) begehen können" (S. 84). Insofern vermischt sich wieder die Verantwortlichkeit mit dem Wahnsinn. Straub sieht bereits in dem Vergleich mit dem Teufel eine Metapher für psychopathisches Verhalten[92]. Indem Jekyll Hyde „nicht mehr Vernunft" als einem kranken Kind zuspricht (S. 84), tritt ein weiteres Mal die Frage nach der Zurechnungsfähigkeit in den Vordergrund, ist doch ein Kind juristisch nicht verantwortlich für seine Taten. Es gibt in der Novelle also gleich mehrere Dimensionen, die Zweifel an der Verantwortlichkeit und Schuld von Hydes aufkommen lassen[93].

---

91 *Nicola Lacey*, Psychologising Jekyll, Demonising Hyde: The Strange Case of Criminal Responsibility, in: LSE Law, Society and Economy Working Papers 18/2009, S. 1 (S. 7) spricht davon, dass Jekyll versucht, seine eigene Verantwortung zu verdrängen, indem er Hyde erschafft.
92 *Katrin Straub*, S. 113.
93 Hierzu auch *Katrin Straub*, S. 115.

Insofern zeigt Stevenson hier eine in der Entstehungszeit der Novelle recht junge strafrechtliche Entwicklung auf. Denn während man zuvor primär charakterbasierte Schuldzuweisungen tätigte und die Muster der Zurechnung im vorgerichtlichen Prozess auf dem Wissen über Charakter und Ruf des Angeklagten zumindest dominierten[94], orientierte man sich im späteren 19. Jahrhundert eher an der psychischen Verfassung oder den Fähigkeiten des Angeklagten[95]. Da es keine gesetzliche Anerkennung der Verteidigung wegen Unzurechnungsfähigkeit in Schottland gab, kam es 1843 zur Formulierung der sog. McNaghten-Regeln, die noch heute der englischen Rechtsprechung zugrunde liegen. Nach diesen Regeln kann man sich auf zwei Wegen auf die Schuldunfähigkeit berufen: zum einen, wenn der Täter infolge einer Geisteskrankheit außerstande war, die Bedeutung seiner Handlung zu erkennen. Zum anderen dann, wenn der Täter zwar weiß, was er tut, aber ihm bedingt durch die Geisteskrankheit die Einsicht fehlt, Unrecht zu tun[96]. Im Zuge der immer stärkeren Einflussnahme von Psychiatrie und Psychologie kam es zu einer immer häufigeren Begutachtung des psychischen Zustands von Straftätern[97].

In der späten viktorianischen Periode wurde zudem zunehmend eine dritte Form der Exkulpation durch die Verteidigung beschritten. Neben den klassischen Merkmalen der Manie und Wahnvorstellungen suchte man die Entlastung durch die Einlassung, der Angeklagte sei am Tatort geistig abwesend gewesen – habe also ein sozusagen „unbewusstes Verbrechen" verübt. Diese Einlassung fiel nicht direkt unter die Definition der McNaghten Regel[98]. Genau dieses Phänomen trifft auch auf Jekyll zu, der geistesabwesend quasi durch einen anderen, nämlich Hyde, die Taten begeht. Daher kann Jekyll auch sagen: „Schließlich war Hyde der Schuldige, und nur Hyde allein" (S. 79). Konsequent ist es insofern aus Sicht Jekylls, den moralischen Wahnsinn, die Besessenheit durch den Teufel allein bei Hyde zu suchen. Der Täter ist gespalten, was eine direkte Zuschreibung faktischer Verantwortung negiert[99]. Und doch erkennt der Leser,

---

94 Vgl. ausf. *Nicola Lacey*, S. 1 (11).
95 A.a.O., S. 12.
96 S. *Hans-Jörg Albrecht*, Rechtliche Grundlagen der Forensischen Psychiatrie – eine internationale vergleichende Perspektive, in: Hans-Ludwig Kröber / Dieter Dölling / Norbert Leygraf / Henning Sass (Hrsg.), Handbuch der Forensischen Psychiatrie, Bd. 1: Strafrechtliche Grundlagen der Forensischen Psychiatrie, Heidelberg 2007, S. 511 (544 f.).
97 *Anja Schiemann*, Unbestimmte Schuldfähigkeitsfeststellungen. Verstoß der §§ 20, 21 StGB gegen den Bestimmtheitsgrundsatz nach Art. 103 II GG, Münster 2012, S. 111 f.; *Nicola Lacey*, S. 11 (S. 15).
98 S. *Joel Eigen*, Unconscious Crime: Mental Absence and Criminal Responsibility in Victorian London, Baltimore 2003, S. 6 ff.; *Nicola Lacey*, S. 1 (18).
99 S. *Nicola Lacey*, S. 11 (S. 21).

dass es die Unmöglichkeit einer effektiven Zuweisung von Verantwortung[100] nur vordergründig gibt. Denn schließlich ist es Jekyll, der Hyde erschafft, der auch erkennt, dass das Verhalten Hydes amoralisch und böse ist. Insofern wird zumindest die McNaghten-Regel nicht bedient. Auch inwiefern ein „unbewusstes Verbrechen" verübt wird, bleibt zumindest fraglich. Denn zumindest erkennt Jekyll: „Ich war wieder Edward Hyde" (S. 90). Und auch bei der Tat spricht er in der ersten Person:

> „Aber ich hatte freiwillig alle jene ausgleichenden Instinkte von mir abgestreift, dank denen selbst der böseste von uns Menschen immer noch mit einer gewissen Festigkeit durch seine Versuchungen hindurchgeht" (S. 84).

Dies macht deutlich, dass er nicht nur freiwillig seine moralischen Bedenken abstreift, sondern auch erkennt, was er tut, also gerade nicht zum unbewussten Verbrecher wird. Auf einer anderen Ebene versucht Jekyll dagegen sowohl, die Schuld beim „Teufel" in ihm zu suchen (S. 84) und Hyde allein verantwortlich zu machen, denn „schließlich war Hyde der Schuldige" (S. 79). Lacy sieht in dieser Zwiespältigkeit den Hinweis, dass Stevenson die damalige Besorgnis der Gerichte über die Erkennbarkeit von strafrechtlicher Verantwortlichkeit und die Tatsache beschreiben wollte, dass die frühe medizinische Wissenschaft teilweise als Bedrohung der individuellen Verantwortung wahrgenommen wurde[101]. Dies war auch schon gut 50 Jahre zuvor in Deutschland der Fall, als es zu einer kritischen Debatte um die exkulpationsfreudige Gutachterpraxis kam[102].

Da Hyde aber ein Teil von Jekyll ist und Jekyll die ganze Person, ist er auch für Hyde und dessen Taten verantwortlich, zumal er sich dieser Taten bewusst ist. Das utopische Experiment der erlösenden Ausgrenzung des Bösen scheitert. Vielmehr befreit sich nicht das Gute von der Last des Bösen, sondern das Böse bemächtigt sich der Gesamtpersönlichkeit[103]. Auch wenn Jekyll sich immer mehr auflöst und Hyde von ihm Besitz ergreift, so ist doch bis zum Ende der Novelle selbst Jekyll nicht klar, wer die Oberhand gewinnt. Da im letzten Augenblick „das Leben des unglücklichen Henry Jekyll zum Ende" (S. 97) gebracht wird, löst er sich aber nie vollständig auf und seine Verantwortlichkeit bleibt bestehen. Letztlich wird der Leser Zeuge eines gescheiterten Ablösungsprozesses, an dessen Ende die Erkenntnis steht, dass man sich von gesellschaftlichen Normen, Schuld und Moralvorstellungen nie ganz befreien kann.

---

100 So aber *Nicola Lacey*, S. 11 (S. 23).
101 Nicola *Lacey*, S. 11 (S. 23, 25).
102 Diese hatte unter anderem auch Büchners Drama Woyzeck geprägt, s. *Anja Schiemann*, Der Kriminalfall Woyzeck. Der historische Fall und Büchners Drama, Berlin 2017, S. 86.
103 So auch bereits *Burkhard Niederhoff*, S. 36.

V. Fazit

Der seltsame Fall von Dr. Jekyll und Mr. Hyde lässt sich nicht nur eindimensional lesen, sondern bietet einen bunten Strauß von Lesarten, aus dem ich einige mit kriminologischer, strafrechtlicher und psychologisch-psychiatrischer Perspektive herausgepflückt habe. In allen diesen Lesarten wird deutlich, dass sich in der Epoche des spätviktorianischen Zeitalters der Blick zunehmend vom Körper des Verbrechers auf sein Inneres wendet, so dass die von Stevenson beschriebenen Äußerlichkeiten den Fokus auf das seinerzeit neue Feld der Psychologie lenken. Sie lenken den Blick darüber hinaus aber auch auf den inneren Kampf, gesellschaftlichen Moralvorstellungen zu genügen und die dunkle Seite zu unterdrücken. Dies wird dadurch besonders deutlich, dass Dr. Jekyll ein angesehener Bürger und Arzt Londons ist, ehrbar und integer.

Insofern verwundert es nicht, dass die Darstellung des Doppelcharakters in Jekyll und Hyde auch bei der Interpretation der legendären Whitechapel-Morde, also den Morden von Jack the Ripper, Einfluss nahm. Im Herbst 1888 wurden fünf Prostituierte im Londoner Stadtteil Whitechapel ermordet und der Täter nie gefunden[104]. Journalisten verglichen den unbekannten Mörder mit einer dramatisierten Version von Jekyll und Hyde, die 1888 in London uraufgeführt wurde und wo man die These vertrat, dass der brutale Mörder vielleicht ein ehrbarer Bürger sei[105].

Auch heute noch lebt die Kunstfigur Jekyll und Hyde und seine Symbolisierung gespaltener Persönlichkeiten, aber auch des Widerstreits von Gut und Böse, weiter. So ergibt eine aktuelle Google-Suche zu den Stichworten „Jekyll und Hyde Syndrom" 639.000 Treffer[106], die vom Mysterium Mann über Partnerschaftsgewalt und dissoziative Persönlichkeiten bis zum Soziopathen reichen. Insofern verselbstständigt sich die literarische Figur und tritt ein in den allgemeinen Sprachgebrauch, um auch hier die unterschiedlichen Facetten, die in der Novelle abgebildet werden, zu bedienen.

---

104 Vgl. hierzu *Alexandra Warwick*, The Scene of the Crime: Inventing the Serial Killer, in: Social Legal Studies 15 (4) 2006, S. 552.
105 S. *Alexandra Warwick*, S. 552 (557); *Frida Kristinsdóttir*, S. 20.
106 Vgl. https://www.google.com/search?client=firefox-b-e&biw=1152&bih=496&ei= OZ5PYJL1KIqgULuym7gJ&q=jekyll+und+hyde+syndrom&oq=jekyll+und+hyde+syn drom&gs_lcp=Cgdnd3Mtd2l6EAMyAggAMggIABAHEAUQHjIICAAQBxAFEB46B wgAE-EcQsANQ3zlY3zlg6j5oAXACeACAAWOIAcABkgEBMpgBAKABAaoBB2d 3cy13aXrIAQjAAQE&sclient=gws-wiz&ved=0ahUKEwjS9c2A7rLvAhUKEBQKHT vZBpcQ4dUDCAw&uact=5 (abgerufen am 15.03.2021).

KOMMENTAR II

Burkhard Niederhoff

„Strange Case of Dr. Jekyll and Mr. Hyde" als erzählerisches Kunstwerk und als Gestaltung des Doppelgänger-Motivs

1. Einleitung

Auf ihrem sonntäglichen Spaziergang kommen Mr. Enfield und sein Verwandter, der Rechtsanwalt Mr. Utterson, an einem verwahrlosten, abweisend wirkenden Haus vorbei, das Enfield an einen merkwürdigen Vorfall erinnert. In seiner Erzählung über diesen Vorfall begegnen wir bei der Lektüre von Robert Louis Stevensons *Strange Case of Dr. Jekyll and Mr. Hyde* zum ersten Mal dem rätselhaften Mr. Hyde:

> All at once, I saw two figures: one a little man who was stumping along eastward at a good walk, and the other a girl of maybe eight or ten who was running as hard as she was able down a cross street. Well, sir, the two ran into one another naturally enough at the corner; and then came the horrible part of the thing; for the man trampled calmly over the child's body and left her screaming on the ground. It sounds nothing to hear, but it was hellish to see. It wasn't like a man; it was like some damned Juggernaut (S. 9 / 6)[1].

Der Dichter Gerard Manley Hopkins, ein Zeitgenosse Stevensons, schreibt dazu in einem Brief: „The trampling scene is perhaps a convention: he was thinking of something unsuitable for fiction"[2]. Mit anderen Worten: Der Zusammenstoß zwischen Hyde und dem Mädchen habe eine sexuelle Bedeutung. Hopkins ist mit dieser Auffassung nicht allein geblieben. Viele Interpretationen deuten die

---

1 Zitate aus *Strange Case* werden mit Seitenzahl im Text nachgewiesen. Die erste Angabe bezieht sich auf *Robert Louis Stevenson*, Strange Case of Dr. Jekyll and Mr. Hyde, Hg. Katherine Linehan, A Norton Critical Edition, New York 2003; die zweite Angabe bezieht sich auf die entsprechende Passage in der deutschen Übersetzung des vorliegenden Bandes. Linehans Ausgabe bietet sachkundige Anmerkungen und eine kluge Auswahl von zusätzlichen Materialien (Textvarianten, Äußerungen von Zeitgenossen Stevensons, literaturwissenschaftliche Analysen etc.). Ebenfalls zu empfehlen, vor allem wegen der ausführlichen und sachkundigen Anmerkungen, ist die folgende Ausgabe: *Robert Louis Stevenson*, The Annotated Dr Jekyll and Mr Hyde: Strange Case of Dr Jekyll and Mr Hyde, Hg. Richard Dury, 2. Aufl., Genua 2005.
2 G. M. Hopkins am 28.10.1886 an Robert Bridges, zitiert nach *Paul Maixner*, Robert Louis Stevenson: The Critical Heritage, London 1981, S. 229.

Szene und die Erzählung in ihrer Gesamtheit als eine allegorische Darstellung der viktorianischen Sexualität, wobei sie häufig auf die Theorien Sigmund Freuds zurückgreifen[3].

Im Gegensatz zu Hopkins plädiere ich dafür, die Passage wörtlich zu lesen. Bei einer solchen Lektüre fällt auf, dass Hyde zunächst einmal alles andere als ein Monster ist: „a little man [...] stumping along [...] at a good walk". Das klingt wenig bedrohlich. Der springende Punkt ist Hydes befremdliche Gleichgültigkeit nach dem Zusammenstoß mit dem Mädchen. Man erwartet hier irgendeine Reaktion: Schuldgefühl, Mitleid, Besorgnis über den Zustand des Kindes, vielleicht auch eine gewisse Irritation oder eine Mischung aus diesen Gefühlen. Doch nichts von alledem – Hyde marschiert über das Mädchen, als sei es Teil des Trottoirs. Stevenson hält sich an das Prinzip der erzählerischen Steigerung. In späteren Episoden (z.B. dem Mord an Sir Danvers Carew) erleben wir das Böse in Aktion. Hier geht es zunächst einmal um die Abwesenheit des Guten, das Fehlen irgendeiner menschlichen Regung.

Was neben Hydes Gleichgültigkeit auffällt, ist etwas Unerklärliches in der Wirkung, die er auf Enfield ausübt: „It sounds nothing to hear, but it was hellish to see". (S. 9 / 6) Nach dem Aussehen Hydes gefragt, antwortet Enfield: „I never saw a man I so disliked, and yet I scarce know why. He must be deformed somewhere; he gives a strong feeling of deformity" (S. 11 / 10). Die Diskrepanz zwischen der Aversion, die Hyde auslöst, und dem Unvermögen, diese Aversion befriedigend zu erklären, ist ein Leitmotiv der Erzählung, das sich bei allen Figuren, die mit Hyde in Berührung kommen, auf die ein oder andere Weise wiederholt: „[T]here was something queer about that gentleman", sagt Jekylls Butler Poole, „– something that gave a man a turn – I don't know rightly how to say it, sir, beyond this: that you felt it in your marrow kind of cold and thin". (S. 37 / 54 f.) Der Arzt Lanyon benutzt ein wissenschaftlicheres Vokabular –

---

3 Eine besonders ausführliche Interpretation dieser Art, die in der Anwendung der Theorien Freuds auf *Strange Case* vor keinem Deutungsmanöver zurückschreckt, liefert *William Veeder*, Children of the Night: Stevenson and Patriarchy, in: William Veeder / Gordon Hirsch (Hg.), Dr Jekyll and Mr Hyde After One Hundred Years, Chicago 1988, S. 107–60; einen Überblick über weitere Interpretationen mit einem sexuellen Fokus gibt *Jessica Crook*, "The Stain of Breath Upon a Mirror": The Unitary Self in *Strange Case of Dr. Jekyll and Mr. Hyde*, in: Criticism, Bd. 62, 2020, S. 100. Zur Frage, ob und wie man die Passage über Hydes Zusammenstoß mit dem Mädchen in einer Anmerkung kommentieren solle, vgl. *Lena Linne / Burkhard Niederhoff*, Annotation as an Embedded Textual Practice: Analysing Explanatory Notes in Three Editions of *Dr Jekyll and Mr Hyde*, in: Connotations, Bd. 29, 2020, S. 48–76 und *Richard Dury*, Annotations as an Embedded Textual Practice: Some Further Comments in Response to Lena Linne and Burkhard Niederhoff, in: Connotations, Bd. 29, 2020, S. 142–55.

„odd, subjective disturbance [...], incipient rigor [...] accompanied by a marked sinking of the pulse" (S. 44 / 68) –, kann sich aber ebenso wenig einen Reim auf seine Empfindungen machen wie die anderen Figuren[4]. Eine plausible Erklärung erhalten wir erst in der Stellungnahme Jekylls, mit der die Erzählung schließt:

> I have observed that when I wore the semblance of Edward Hyde, none could come near to me at first without a visible misgiving of the flesh. This, as I take it, was because all human beings, as we meet them, are commingled out of good and evil: and Edward Hyde, alone in the ranks of mankind, was pure evil. (S. 51 / 78)

Ich habe die Passage über Hydes Zusammenstoß mit dem Mädchen ausgewählt, um zwei Interpretationsmethoden zu kontrastieren: eine deduktive, die von einem externen Deutungskontext ausgeht, und eine induktive, die mit der Beobachtung des Textes beginnt. Beide Methoden haben ihre Berechtigung, und sie schließen einander nicht aus. Allerdings scheint es mir, dass in der Forschungsliteratur zu *Strange Case* die erste Methode bei Weitem überwiegt (einen hilfreichen Überblick über die diversen Deutungskontexte gibt der Kommentar von Anja Schiemann in der vorliegenden Ausgabe). Ich werde deshalb die eingeschlagene Analyserichtung, die sich primär an der Erzählung selbst orientiert, weiterverfolgen, allerdings mit gelegentlichen Seitenblicken auf andere Texte des Autors und auf die Literaturgeschichte des 19. Jahrhunderts. Dabei werde ich die folgenden Punkte behandeln: die Struktur der Erzählung, die sich an der Gattung des Detektivromans orientiert (2); Mr. Utterson, der die Rolle des Detektivs spielt und eine Parallel- und Gegenfigur zu Jekyll darstellt (3); den Schauplatz und das Milieu, dem Utterson und Jekyll angehören (4); das Doppelleben Jekylls (5); und schließlich einen Vergleich mit anderen Doppelgängern des 19. und 20. Jahrhunderts (6)[5].

2. Erzählstruktur und Detektivroman

Strange Case hat einen sogenannten Er-Erzähler, d.h. einen Erzähler, der nicht an der Handlung teilnimmt und deshalb von allen Figuren in der dritten Person spricht. Dieser Erzähler orientiert sich vor allem an einer Figur, dem bereits erwähnten Utterson. *Strange Case* ist die Geschichte der Nachforschungen, die

---

[4] Interpretationen neueren Datums analysieren *Strange Case* häufig im Zusammenhang mit dem Degenerationsdiskurs des 19. Jahrhunderts, insbesondere mit den Theorien Cesare Lombrosos. Dabei wird allerdings in der Regel übersehen, dass die von Lombroso postulierten Stigmata, die äußerlich sichtbaren Merkmale der Degeneration, bei Hyde nicht vorhanden sind. Eine kluge und differenzierte Darstellung der Thematik gibt *Julia Reid*, Robert Louis Stevenson, Science and the *Fin de Siècle*, Basingstoke 2006, S. 92–105.

[5] In einigen dieser Punkte (insbesondere bei der Erzählstruktur und bei Utterson) folge ich meiner früheren Analyse von *Strange Case* in *Burkhard Niederhoff*, Erzähler und Perspektive bei Robert Louis Stevenson, Würzburg 1994, S. 29–57.

der Anwalt im Zusammenhang mit dem seltsamen Fall von Dr. Jekyll und Mr. Hyde anstellt. Trotz dieser Orientierung an einer Figur sind die Perspektive und der Wissenshorizont des Erzählers sehr variabel. In manchen Passagen ist er so souverän und allwissend, wie man es aus den klassischen Romanen des 18. und 19. Jahrhunderts gewohnt ist, so etwa in dem einleitenden Porträt Uttersons (auf das ich noch ausführlich eingehen werde). In anderen Passagen – vor allem da, wo er mit der Hauptfigur in Berührung kommt – beschränkt er sich auf eine Beobachterperspektive, z.B. in der Beschreibung Jekylls in dem Kapitel „Dr. Jekyll Was Quite at Ease":

> [A]s he now sat on the opposite side of the fire – a large, well-made, smooth-faced man of fifty, with something of a slyish cast perhaps, but every mark of capacity and kindness – you could see by his looks that he cherished for Mr. Utterson a sincere and warm affection.
>
> „I have been wanting to speak to you, Jekyll," began the latter. „You know that will of yours?"
>
> A close observer might have gathered that the topic was distasteful; but the doctor carried it off gaily. (S. 19 f. / 23)

Der Erzähler versagt sich hier das Privileg des Einblicks in das Bewusstsein, beschränkt sich auf das, was von außen zu sehen ist, und relativiert seine Eindrücke zusätzlich durch Formulierungen wie „perhaps" und „might have gathered". Eine Einschränkung der erzählerischen Informationsprivilegien liegt auch zu Beginn des Kapitels „The Carew Murder Case" vor; hier fasst der Erzähler die Zeugenaussage des Dienstmädchens, das den Mord von einem Fenster aus verfolgt hat, und die Angaben der Polizei im Stile eines Zeitungsartikels zusammen.

Eine zusätzliche Variabilität in der Erzählstruktur ergibt sich daraus, dass Utterson im Laufe seiner Nachforschungen einer Vielzahl von Berichten und Dokumenten begegnet, die wörtlich wiedergegeben werden. Dazu zählen drei längere Ich-Erzählungen: der bereits erwähnte Bericht Enfields, Dr. Lanyons Bericht im vorletzten Kapitel (an dessen Ende das zentrale Rätsel – welche Beziehung besteht zwischen Jekyll und Hyde? – gelöst wird) und das Schlusskapitel, „Henry Jekyll's Full Statement of the Case", in dem die Ereignisse noch einmal in chronologischer Reihenfolge und aus der Sicht der Hauptfigur dargestellt werden. Hinzu kommen eine Reihe kürzerer Dokumente: Jekylls Testament; sein Brief an einen Apotheker, in dem er nach einem bestimmten Pulver verlangt; Hydes Brief an Lanyon; das Heft, in dem Jekyll über seine Verwandlungen Buch führt usw. In ihrer Gesamtheit betrachtet, lassen sich die Struktur und die Dynamik der Erzählung mit einem System konzentrischer Kreise vergleichen, in dem wir uns von außen nach innen bewegen. Die Erzählung beginnt an der Peripherie, mit dem Bericht des unwissenden Enfield, der Jekyll nur dem Namen nach kennt und zufällig mit einer Episode des Geschehens in Berührung kommt, und sie endet im Zentrum, mit dem Einblick in das Bewusstsein der Hauptfigur.

Die komplexe Erzählstruktur ergibt sich daraus, dass *Strange Case* zur Gattung des Kriminal- oder Detektivromans gehört. Wir denken bei diesem Stichwort an Arthur Conan Doyle und die Gattungskonventionen, die er mit seinen Sherlock-Holmes-Geschichten etabliert hat: den Fund einer Leiche zu Beginn der Handlung, die durchgängige Ich-Erzählung des leicht begriffsstutzigen Dr. Watson und die abschließende Aufklärung des Falles durch den Meisterdetektiv. Doch die erste Sherlock-Holmes-Geschichte, *A Study in Scarlet*, wurde erst ein Jahr nach *Strange Case* im Jahr 1887 veröffentlicht. Als Modell für die Erzählstruktur von *Strange Case* kommen eher die Kriminalromane von Wilkie Collins in Frage, z.B. *The Woman in White* (1860) oder *The Moonstone* (1868). Collins lässt das Geschehen durch mehrere Ich-Erzähler und -Erzählerinnen darstellen, was er wie folgt begründet:

> Thus, the story here presented will be told by more than one pen, as the story of an offence against the laws is told in Court by more than one witness – with the same object, in both cases, to present the truth always in its most direct and most intelligible aspect; and to trace the course of one complete series of events, by making the persons who have been most closely connected with them, at each successive stage, relate their own experience, word for word[6].

Der Kriminalroman als Kriminalprozess – eine aufschlussreiche Analogie. Wenn die Ich-Erzählung einer Zeugenaussage gleicht, dann liegt ihr Vorzug in ihrer Authentizität, in ihrer größtmöglichen Nähe zu den geschilderten Ereignissen – wobei Authentizität und Nähe nicht mit Wahrheit gleichzusetzen sind (auch wenn im Zitat das Wort „truth" fällt). Collins weiß, dass der Wert einer Aussage von der Verlässlichkeit, dem Kenntnisstand und den Interessen des Zeugen oder der Zeugin abhängig ist, und bezieht diese Erkenntnis in die Gestaltung seiner Erzählerfiguren ein.

Neben dem Effekt der Authentizität spielen bei der Erzählstruktur von *Strange Case* vor allem die Dosierung der Informationen und das damit verbundene Spannungsmanagement eine Rolle. Die Beschränkungen im Wissen der Ich-Erzähler und der Perspektivfigur Utterson dienen dazu, die genretypische Verrätselungsmaschinerie in Gang zu setzen, die mit Enfields Frage nach der Tür des verwahrlosten Gebäudes und Uttersons Reaktion auf diese Frage beginnt:

> „Did you ever remark that door?" he asked; and when his companion had replied in the affirmative, „It is connected in my mind," added he, „with a very odd story."

---

6   *Wilkie Collins*, The Woman in White, London 1910, S. 1.

"Indeed?" said Mr. Utterson, with a slight change of voice, "and what was that?" (S. 8 f. / 5)

Wer aufmerksam liest, wird nach dieser Passage nicht nur auf die merkwürdige Geschichte gespannt sein, die Enfield gleich erzählen wird, sondern ebenso wissen wollen, warum Uttersons Stimme sich bei seiner Frage nach dieser Geschichte verändert. Die Antwort auf diese Frage erhalten wir am Ende des zweiten Kapitels, als Utterson nach seiner Begegnung mit Hyde, die vor der besagten Tür stattfindet, ein paar Schritte zur Haustür Jekylls geht und sich mit dessen Butler Poole unterhält: Das verwahrloste Gebäude gehört Jekyll und ist mit dessen Haus über einen Hinterhof verbunden. Andere Antworten bleibt der Text länger schuldig, und so tasten wir uns bei der Lektüre durch ein Labyrinth von Rätseln, Spuren und Ablenkungsmanövern[7]. Typisch ist dabei die Abfolge einer Vermutung, die eine halbwegs befriedigende Antwort auf die Frage nach der rätselhaften Beziehung zwischen Jekyll und Hyde gibt, und einer kurz darauf erfolgenden Entdeckung, welche die Vermutung widerlegt und neue Rätsel aufgibt. So erhält Utterson nach dem Mord an Sir Danvers Carew einen angeblich von Hyde geschriebenen Brief, der ihn erleichtert: Hyde hat sich in Sicherheit gebracht (vermutlich durch die Flucht ins Ausland), und Jekyll erscheint als freiwilliger Mentor und Wohltäter Hydes, nicht als hilfloses Opfer einer Erpressung. Doch wenig später stellt sich heraus, dass das Schreiben von Jekyll gefälscht worden ist, was die vorübergehende Erleichterung zunichtemacht und Uttersons Sorgen um den Freund verschlimmert.

An dieser Stelle ließe sich einwenden, dass das Rätsel, das uns die Erzählung aufgibt, keines mehr ist. Wer heutzutage *Strange Case* liest, befindet sich in einer ähnlichen Lage wie das Publikum, das im antiken Griechenland ins Theater ging, um eine Tragödie über Ödipus zu sehen: Die dunklen Geheimnisse des Helden sind bestens bekannt. Doch die Erzählung hält auch eine informierte Lektüre aus. Dabei wird z.B. das Gespräch, das Utterson und Jekyll nach dem Mord an Sir Danvers Carew führen, zu einem Fall von tragischer Ironie, ähnlich wie das Drama des Ödipus für das griechische Publikum. Wenn Jekyll behauptet, dass er seine Lektion gelernt habe, dass Hyde in Sicherheit sei und dass man

---

[7] Zu *Strange Case* als Detektivgeschichte vgl. *Andrew De Young*, The Case of the Missing Detective: Detection, Deception, and Delicacy in *Jekyll and Hyde*, in: Journal of Stevenson Studies, Bd. 6, 2009, S. 181–97. De Young weist darauf hin, dass der professionelle Detektiv der Erzählung, Mr. Newcomen, nur eine Nebenrolle spielt, und erklärt dies mit dem zweifelhaften Ruf, den Mr. Newcomens Beruf im 19. Jahrhundert hatte, insbesondere bei Angehörigen der Mittelschicht. Zur Erzählstruktur im Allgemeinen vgl. die exzellente Analyse von *Peter Garret*, Cries and Voices: Reading *Jekyll and Hyde*, in: William Veeder / Gordon Hirsch (Hg.), Dr Jekyll and Mr Hyde After One Hundred Years, Chicago 1988, S. 59–72.

niemals wieder von Hyde hören werde (S. 25 f. / 33), dann weiß man, dass Jekyll sich einer Selbsttäuschung hingibt und dass das Gegenteil des Gesagten zutrifft. Im Übrigen erweisen sich die vielen Hypothesen, die Utterson und andere über das Verhältnis von Jekyll und Hyde anstellen, bei einer informierten Lektüre nicht einfach als Irrtümer, sondern als metaphorische Wahrheiten: Hyde erpresst Jekyll; Hyde ist Jekylls unehelicher Sohn (oder sein Liebhaber?); Jekyll ist krank oder wahnsinnig; Hyde hat Jekyll ermordet; Jekyll hat Hyde ermordet usw. Wörtlich genommen sind all diese Hypothesen natürlich falsch. Wenn man sie metaphorisch versteht, sprechen sie Bände über die gespaltene und selbstzerstörerische Persönlichkeit der Hauptfigur.

3. Utterson als Parallel- und Kontrastfigur zu Jekyll

Utterson ist neben Jekyll und Hyde die wichtigste Figur der Erzählung. Dies wird bereits in der einleitenden Beschreibung des Anwalts deutlich, in der viele zentrale Themen und Entwicklungen angedeutet werden:

> Mr. Utterson the lawyer was a man of a rugged countenance, that was never lighted by a smile; cold, scanty and embarrassed in discourse; backward in sentiment; lean, long, dusty, dreary and yet somehow lovable. At friendly meetings, and when the wine was to his taste, something eminently human beaconed from his eye; something indeed which never found its way into his talk, but which spoke not only in these silent symbols of the after-dinner face, but more often and loudly in the acts of his life. He was austere with himself; drank gin when he was alone, to mortify a taste for vintages; and though he enjoyed the theatre, had not crossed the doors of one for twenty years. But he had an approved tolerance for others; sometimes wondering, almost with envy, at the high pressure of spirits involved in their misdeeds; and in any extremity inclined to help rather than to reprove. „I incline to Cain's heresy," he used to say quaintly: „I let my brother go to the devil in his own way." In this character, it was frequently his fortune to be the last reputable acquaintance and the last good influence in the lives of down-going men. (S. 7 / 3)

Ähnlich wie Jekyll lebt Utterson in einem Konflikt mit sich selbst. Er bekämpft und unterdrückt seine Neigungen. So schätzt er gute Weine, trinkt aber stattdessen Gin (zumindest, wenn er allein ist), und obwohl er das Theater liebt, hat er seit zwanzig Jahren keines mehr betreten. Uttersons Interesse am Schauspiel ist umso befremdlicher, als er nicht die geringste Neigung zu großen Gesten und leidenschaftlichen Reden hat. Im Gegenteil: Er ist wortkarg und verbirgt seine Gefühle. Diese Tendenz zum Verschweigen und Verheimlichen zeigt sich an vielen Punkten der Erzählung. Als Enfield die Devise formuliert, dass man bei heiklen Angelegenheiten besser keine Fragen stellt („the more it looks like Queer Street, the less I ask"), stimmt Utterson aus vollem Herzen zu (S. 11 / 9), und als Mr. Guest darauf hinweist, dass die Handschrift in dem angeblich von Hyde stammenden Brief auffällige Übereinstimmungen mit der Handschrift

Jekylls aufweist, verpflichtet Utterson seinen Angestellten zum Stillschweigen und verschließt den Brief in seinem Safe. Im Kapitel „The Last Night" zeigt der Butler Poole dem Anwalt das Schreiben, in dem Jekyll bei seinem Apotheker ein bestimmtes Pulver bestellt hat. Selbst in dieser Extremsituation, in der Utterson und Poole kurz davorstehen, mit Gewalt in Jekylls Labor einzudringen, moniert der Anwalt, dass das Schreiben sich nicht in einem verschlossenen Umschlag befindet: „'This is a strange note,' said Mr. Utterson; and then sharply, 'How do you come to have it open?'" (S. 35 / 52)

Das Verschweigen und Verheimlichen ist nicht nur eine Eigentümlichkeit des verschlossenen Utterson. Es ist eine allgegenwärtige Tendenz, die sich, wie wir gesehen haben, selbst bei Enfield findet, der als „well-known man about town" (S. 8 / 4), also als stadtbekannter Lebemann, bezeichnet wird und im Gegensatz zu Utterson ein vergleichsweise extrovertiertes Naturell hat. Der Grund für diese Tendenz wird bereits in der einleitenden Beschreibung angedeutet, in der Utterson als „last reputable acquaintance of down-going men" beschrieben wird. Das entscheidende Wort ist „reputable". Die Wahrung des Rufs besitzt in der Welt Uttersons und Jekylls eine enorme Bedeutung. Wer wirtschaftlich scheitert oder gegen gesellschaftliche Normen verstößt, verliert seine Stellung und seine Freunde. Welchen Wert die Reputation besitzt, geht auch aus der Erzählung Enfields über Hydes Zusammenstoß mit dem Mädchen hervor. Nach diesem Vorfall sind die Beteiligten von einer regelrechten Mordlust gegenüber Hyde erfüllt. Dies gilt auch für Enfield selbst und einen als „Sawbones" bezeichneten Doktor, der ebenfalls anwesend ist:

> I saw that Sawbones turn sick and white with the desire to kill him. I knew what was in his mind, just as he knew what was in mine; and killing being out of the question, we did the next best. We told the man we could and would make such a scandal out of this, as should make his name stink from one end of London to the other. If he had any friends or any credit, we undertook that he should lose them. (S. 9 / 7)

Wo der Verlust der Reputation kaum weniger schlimm ist als der Verlust des Lebens, haben die Figuren ein essenzielles Interesse daran, die über sie kursierenden Informationen zu kontrollieren – daher das Bemühen um Geheimhaltung und Verschwiegenheit.

Utterson ist nicht nur als Parallel-, sondern auch als Kontrastfigur zu Jekyll konzipiert. Beide sind gegensätzlich, aber auf gegensätzliche Weise. Bei Jekyll ist die dominierende und nach außen hin sichtbare Seite seiner Persönlichkeit freundlich und wohltätig, bei Utterson abweisend und kalt; der in Jekyll verborgene Hyde ist menschenfeindlich und zerstörerisch, der „Hyde" in Utterson hilfsbereit und liebenswürdig. Das Spiel mit den Gegensätzen innerhalb der Figuren und zwischen den Figuren lässt sich auch an den zitierten Beschreibungen

Kommentar II

ihres Äußeren ablesen. Jekyll ist von stattlicher, Utterson von hagerer Gestalt. Jekyll hat ein glattes Gesicht, das Freundlichkeit und Wärme ausstrahlt, Utterson ein zerfurchtes, das nie von einem Lächeln aufgehellt wird. Und bei beiden zeigt sich etwas, das dem Gesamteindruck widerspricht und auf den jeweiligen Hyde hindeutet. Im Fall Jekylls ist dies ein kaum wahrnehmbarer Anflug von Verschlagenheit („something of a slyish cast perhaps"), im Fall Uttersons dagegen etwas ungemein Menschliches, das aus seinen Augen leuchtet, wenn er unter Freunden ist und einen guten Wein trinkt.

So wie Utterson eine Parallel- und Kontrastfigur zu Jekyll ist, so ist der eben erwähnte Wein ein Parallel-und Kontrastmotiv zu der Mixtur, die Jekylls Identitätswechsel auslöst. Dies zeigt sich besonders in der Szene, in der Utterson seinen Angestellten um dessen Meinung zu dem angeblich von Hyde verfassten Schreiben bittet:

> Presently after, he sat on one side of his own hearth, with Mr. Guest, his head clerk, upon the other, and midway between, at a nicely calculated distance from the fire, a bottle of a particular old wine that had long dwelt unsunned in the foundations of his house. The fog still slept on the wing above the drowned city, where the lamps glimmered like carbuncles; and through the muffle and smother of these fallen clouds, the procession of the town's life was still rolling in through the great arteries with a sound as of a mighty wind. But the room was gay with firelight. In the bottle the acids were long ago resolved; the imperial dye had softened with time, as the colour grows richer in stained windows; and the glow of hot autumn afternoons on hillside vineyards, was ready to be set free and to disperse the fogs of London. Insensibly the lawyer melted. There was no man from whom he kept fewer secrets than Mr. Guest; and he was not always sure that he kept as many as he meant. (S. 27 / 36)

Die Beschreibung des Weins ähnelt der Beschreibung von Jekylls Mixtur, die Lanyon im neunten Kapitel von *Strange Case* gibt. Hier wie dort ist von Farbveränderungen und chemischen Prozessen die Rede. Auch das Wort „melted", mit dem die Veränderung in Uttersons Verhalten geschildert wird, findet sich im neunten Kapitel wieder (S. 47 / 72); dort beschreibt es, wie Hyde sich in Jekyll verwandelt. Doch natürlich unterscheidet sich der Wein auch von Jekylls Mixtur, worauf bereits Vladimir Nabokov in einer Vorlesung über *Strange Case* hingewiesen hat: „This sparkling and comforting draft is very different from the icy pangs caused by the chameleon liquor, the magic reagent that Jekyll brews in his dusty laboratory"[8]. Die Verwandlung, die der Wein bei Utterson auslöst, ist positiver Art. Der Anwalt gibt seine gewohnte Verschlossenheit auf und zieht Mr. Guest ins Vertrauen. Auch der Wein selbst erscheint, aufgrund der personifizierenden Wortwahl, wie ein beseeltes Wesen, das sich im Laufe der Passage verwandelt: Er liegt nicht im Keller, sondern wohnt in den Tiefen des Hauses,

---

8 *Vladimir Nabokov*, Lectures on Literature, Hg. Fredson Bowers, New York 1980, S. 180.

er wird nicht entkorkt, sondern befreit, und er vertreibt mit seinem Licht und seiner Wärme sogar den Londoner Smog, ein Symbol der allgegenwärtigen Tendenz zum Verheimlichen und Verschweigen. Der Geist, der in Uttersons Rotweinflaschen steckt, ist von anderer Art als das Wesen, das durch Jekylls Mixtur zum Leben erweckt wird.

Nach diesen Bemerkungen zu Utterson komme ich noch einmal auf seine Rolle als Detektiv zurück. Wie bereits angedeutet, spielt er diese Rolle nur widerwillig. Er ist ein Detektiv, der es für eine gute Devise hält, keine Fragen zu stellen. Dies hängt zum einen mit dem generellen Hang zur Wahrung von Geheimnissen zusammen, zum anderen aber damit, dass Uttersons Rolle als Detektiv seiner Rolle als Freund und Anwalt Jekylls widerspricht. Utterson fühlt sich eigentlich nur für den seltsamen Fall des Mr. Hyde zuständig: „If he be Mr. Hyde, […] I shall be Mr. Seek." (S. 15 / 16) Solange er glaubt, dass er etwas gegen Hyde unternehmen kann, ohne Jekyll zu schaden, agiert er entschlossen und zielstrebig. Doch wenn er registriert, dass zwischen beiden eine enge Beziehung besteht, wird er zögerlich. Die Paradoxie seiner Rolle entspricht der Paradoxie von Jekylls Persönlichkeit. Utterson kann nichts gegen den vermeintlichen Erpresser und Mörder Jekylls tun, ohne Jekyll selbst zu schaden, denn der Erpresser und Mörder Jekylls ist dieser selbst. Im Kapitel „The Last Night" steht Utterson mit Poole vor Jekylls Labor und verlangt, dass die Tür geöffnet wird; andernfalls werde er mit Gewalt eindringen. Daraufhin spielt sich der folgende Wortwechsel ab:

„Utterson", said the voice, „for God's sake, have mercy!"

„Ah, that's not Jekyll's voice – it's Hyde's!" cried Utterson. „Down with the door, Poole." (S. 38 / 57)

In diesem Moment glaubt Utterson, dass er nur Hyde vor sich hat, und handelt dementsprechend mit großer Entschlossenheit. Dass die Bitte um Gnade auch aus dem Mund seines Freundes kommt (Hyde ist ein Teil von Jekyll), kann er nicht wissen. Während Poole die Tür mit einer Axt einschlägt, schluckt Hyde ein tödliches Gift. Durch sein gewaltsames Eindringen in das Labor löst Utterson den Fall, doch die Lösung ist gleichbedeutend mit dem Tod seines Freundes.

4. Schauplatz und Milieu

Wo *Strange Case* spielt, ist eigentlich keine Frage. Bereits im dritten Absatz erfahren wir, dass Utterson und Enfield durch London spazieren; auch danach wird der Name der englischen Hauptstadt noch etliche Male erwähnt. G. K. Chesterton, der Schöpfer von Pater Brown, fühlt sich durch die Beschreibung der Topographie und des Milieus allerdings eher an die schottische Hauptstadt erinnert (in der Stevenson geboren und aufgewachsen ist): „But it seems to me that the story of Jekyll and Hyde, which is presumably presented as happening in London, is all the time very unmistakably happening in Edinburgh"[9]. Einige Interpreten haben Chesterton widersprochen. Sie bestehen darauf, dass *Strange Case* im spätviktorianischen London verortet ist[10]. Eine Kombination dieser Meinung mit der oben erwähnten sexuellen Deutung ist die Auffassung, dass Hydes Zusammenstoß mit dem Mädchen eine symbolische Darstellung der Londoner Kinderprostitution sei. Diese war 1885, also ein Jahr vor der Veröffentlichung von *Strange Case*, von dem Journalisten W. T. Stead in einer publikumswirksamen Medienkampagne angeprangert worden[11].

Die Kontroverse über den Schauplatz von *Strange Case* ist kurios, aber aufschlussreich. Sie berührt die Debatten über die Ästhetik des Romans, die zu Stevensons Zeiten geführt wurden. Dabei ging es vor allem um den Realismus, also um die Forderung, dass der Roman den zeitgenössischen Alltag und die gesellschaftlichen Verhältnisse so ungeschminkt und minutiös wie möglich wiedergeben solle. Stevenson positioniert sich in dieser Debatte als Kritiker des Realismus:

> Man's one method, whether he reasons or creates, is to half-shut his eyes against the dazzle and confusion of reality. The arts, like arithmetic and geometry, turn away their eyes from the gross, coloured and mobile nature at our feet, and regard instead a certain figmentary abstraction[12].

Der Vergleich mit der Mathematik spricht Bände. Wie Oscar Wilde wenige Jahre nach ihm vertritt Stevenson die Ansicht, dass die Forderung nach der Nachahmung der Wirklichkeit in die Irre führe, weil die Kunst eine autonome Welt mit eigenen Prinzipien sei. Diese Prinzipien sind vor allem die Stilisierung und die Abstraktion. Wenn Stevenson über sein Handwerk redet, dann betont er immer wieder, wie wichtig die Auswahl des aussagekräftigen und funktionalen Details sei – oder anders formuliert: dass es vor allem auf das Streichen und

---

9   *G. K. Chesterton*, Robert Louis Stevenson, 2. Aufl., London 1927, S. 68; ähnlich argumentieren *David Daiches*, Stevenson and Scotland, in: Jenni Calder (Hg.), Stevenson and Victorian Scotland, Edinburgh 1981, S. 17 und *William Gray*, Robert Louis Stevenson: A Literary Life, Basingstoke 2004, S. 52 f.

10 Vgl. *Irving Saposnik*, The Anatomy of *Dr. Jekyll and Mr. Hyde*, in: Harry M. Geduld (Hg.), The Definitive *Dr. Jekyll and Mr. Hyde* Companion, New York 1983, S. 109–112 und *Linda Dryden*, The Modern Gothic and Literary Doubles: Stevenson, Wilde and Wells, Basingstoke 2003, S. 74–109.

11 Vgl. *Roger Luckhurst*, Introduction, in: Robert Louis Stevenson, Strange Case of Dr Jekyll and Mr Hyde and Other Tales, Hg. Roger Luckhurst, Oxford World's Classics, Oxford 2006, S. XXIV–XXV, und *Linda Dryden*, S. 51 f. und 82.

12 *Robert Louis Stevenson*, A Humble Remonstrance, in: The Works of Robert Louis Stevenson, Hg. Edmund Gosse, Pentland Edition, Bd. 9, London 1907, S. 165.

Weglassen ankomme: „[T]here is but one art: to omit! [...] A man who knew how to omit would make an *Iliad* of a daily paper"[13]. Angesichts dieser Grundsätze verwundert es nicht, wenn Stevenson eine genaue, mit vielen Details aufwartende Darstellung der zeitgenössischen Wirklichkeit ablehnt: „Let him not care particularly", formuliert er als Devise für den Schriftsteller, „if he miss the tone of conversation, the pungent material detail of the day's manners"[14].

Strange Case entspricht in vielen Punkten der von Stevenson vertretenen Romanästhetik. So fällt auf, dass die Zeitangaben „18" lauten. Die Erzählung ist also nicht auf ein Jahr, sondern auf ein Jahrhundert datiert. Ebenso fällt auf, dass nur wenige reale Londoner Örtlichkeiten genannt werden, z.B. Regent's Park, wo eine spontane Verwandlung von Jekyll in Hyde stattfindet, oder Soho, wo sich die für Hyde angemietete Wohnung befindet. Der zentrale Schauplatz, das Haus und Labor Jekylls, hat keine reale Adresse, da es Stevenson hier vor allem um Symbolik geht. Während die Fassade von Jekylls Haus einen gepflegten Eindruck macht, erscheint das Laborgebäude mit dem von Hyde genutzten Eingang verwahrlost und abweisend, und die räumliche Verbindung zwischen beiden bleibt zunächst ein Geheimnis. Darüber hinaus unterscheiden sich beide von ihrer Umgebung. Die mit Jekyll assoziierte Fassade ist von heruntergekommenen Häusern umgeben, das Laborgebäude dagegen von einladenden Geschäften, und die Straße mit diesen Geschäften passt wiederum nicht zu den angrenzenden Straßen: „[T]he street shone out in contrast to its dingy neighbourhood, like a fire in a forest" (S. 8 / 4 f.). Die Topographie folgt dem Prinzip eines durchgängigen Gegensatzes, der in keine reale Umgebung passt. Die Großstadt London ist in weiten Teilen der Erzählung nur im Hintergrund präsent, so wie in der oben zitierten Passage über Uttersons Gespräch mit seinem Angestellten Mr. Guest. Den Verkehr und die Menschenmassen der Metropole bekommen wir so gut wie nie zu Gesicht – bis auf eine Ausnahme vielleicht, die Beschreibung des Moments, in dem Utterson und der Detektiv Mr. Newcomen an der Wohnung Hydes in Soho ankommen:

> The dismal quarter of Soho [...] seemed, in the lawyer's eyes, like a district of some city in a nightmare. [...]
>
> As the cab drew up before the address indicated, the fog lifted a little and showed him a dingy street, a gin palace, a low French eating house, a shop for the retail of penny numbers and twopenny salads, many ragged children huddled in the doorways, and many women of many different nationalities passing out, key in hand, to

---

13 Robert Louis Stevenson am 30.09.1883 an Bob Stevenson, in: The Letters of Robert Louis Stevenson, Hg. Bradford A. Booth / Ernest Mehew, Bd. 4, New Haven 1994, S. 169.
14 *Robert Louis Stevenson* (Fn. 12), S. 172.

have a morning glass; and the next moment the fog settled down again upon that part, as brown as umber, and cut him off from his blackguardly surroundings. (S. 23 / 29)

Es ist bezeichnend, dass die Erzählung nur einen kurzen Blick auf diese Ansammlung von Menschen und ein bestimmtes Milieu erlaubt[15]. Ansonsten bleibt die Metropole im Dunkel der Nacht oder im winterlichen Smog verborgen. Angesichts dieser Tendenz zur Abstraktion und zur Stilisierung ist es letztendlich eine müßige Frage, ob die Erzählung in London oder in Edinburgh spielt. Soho erscheint Utterson als „district of *some* city in a nightmare". Der urbane Albtraum lässt sich nicht genau verorten. Der Schauplatz der Erzählung ist in erster Linie symbolisch, eine Kulisse für den seltsamen Fall der Hauptfigur.

Auch das soziale Milieu, in dem Jekyll und Utterson sich bewegen, ist alles andere als detailreich und realistisch dargestellt. Stevensons Credo des Weglassens trifft hier besonders in einem Punkt zu, auf den u.a. der große amerikanische Romancier Henry James, ein guter Freund Stevensons, hingewiesen hat: „There is something almost impertinent in the way [...] in which Mr. Stevenson achieves his best effects without the aid of the ladies, and 'Dr. Jekyll' is a capital example of his heartless impudence"[16]. Jekyll, Utterson und ihre Bekannten sind Junggesellen; die weiblichen Figuren in *Strange Case* haben Nebenrollen und gehören nicht zur Gesellschaftsschicht des Doktors und des Anwalts. Das Fehlen von Frauen und von dauerhaften heterosexuellen Beziehungen sagt etwas über Jekylls Sexualleben (dazu gleich mehr). Es ist aber auch ein Indiz einer allgemeinen Vereinsamung und Beziehungsarmut. Die eindrücklichsten Londoner Szenen in *Strange Case* sind vielleicht die, in denen sich die Figuren ganz allein in einer großstädtischen Umgebung befinden: Enfield, der nachts durch die menschenleeren Straßen geht – „till at last I got into that state of mind when a man listens and listens and begins to long for the sight of a policeman" (S. 9 / 6) –; Utterson, der seine Sonntagabende mit theologischen Traktaten verbringt (S. 12 / 11); das Dienstmädchen, das als einzige Bewohnerin ihres Hauses abends am Fenster sitzt und mit romantischer Sehnsucht den Mond betrachtet (S. 21 / 26) – all dies sind Parallelen zur Situation Jekylls, der die letzten Monaten seines Lebens in einer Art Einzelhaft verbringt und sich vor seinen Freunden

---

15 Soho war in der zweiten Hälfte des 19. Jahrhunderts eine Hochburg der Unterhaltung (mit Theatern und *music halls*) und der Prostitution. Dass es sich bei den Frauen um Prostituierte handelt, wird nicht nur durch die Adresse angedeutet, sondern auch dadurch, dass sie ohne Begleitung ausgehen, einen eigenen Schlüssel haben und bereits frühmorgens Gin trinken.

16 Zitiert nach *Katherine Linehan* (Fn. 1), S. 102.

und Hausangestellten verstecken muss. Bezeichnend die Episode, in der Utterson und Enfield den am Fenster sitzenden Jekyll einladen, sie ein paar Schritte zu begleiten, und die merkwürdige Antwort „I dare not" erhalten (S. 32 / 45). Ein kurzer Spaziergang mit Freunden wäre ein lebensgefährliches Wagnis.

5. Die Hauptfigur und ihr Doppelleben

Ich habe zu Beginn dieses Kommentars eine Passage aus „Henry Jekyll's Full Statement of the Case" zitiert, in der Jekyll schreibt, dass Hyde das Böse in Reinkultur verkörpere: „Edward Hyde, alone in the ranks of mankind, was pure evil". Vielen Interpretinnen und Interpreten ist diese Prämisse zu simpel; sie liefern komplexe Deutungen, die dem klaren moralischen Urteil über Hyde explizit oder implizit widersprechen. Ich schlage dagegen vor, die von Jekyll formulierte Prämisse zu akzeptieren. Stevensons Erzählung hat ihre eigene Komplexität. Dieser wird man für meine Begriffe aber nicht gerecht, indem man mit Hilfe externer Theorien komplizierte Deutungen für Hyde konstruiert, sondern indem man verfolgt, was die Erzählung selbst auf der Basis der genannten Prämisse mit dieser Figur macht. Dabei ist ein erster wichtiger Punkt, auf den auch Nabokov hinweist, die Asymmetrie in der Konstellation der Titelfiguren[17]. Es ist keineswegs so, dass sich in Jekyll und Hyde Gut und Böse gegenüberstehen. Während der neuerschaffene Hyde das Böse verkörpert, ist Jekyll der Alte geblieben: eine gemischte, aus Gut und Böse zusammengesetzte Persönlichkeit. Damit hat sich das Kräfteverhältnis zugunsten des Bösen verändert, das nach dem Gelingen des Verwandlungsexperiments zweifach vorhanden ist: in Reinkultur in der Person Hydes und als Teilmenge in der Person Jekylls. Diese Änderung des Kräfteverhältnisses zugunsten des Bösen ist ein Grund für den tragischen Verlauf von Jekylls Geschichte.

Eine Deutung Hydes, die von Jekylls Prämisse abweicht, ist die eingangs erwähnte sexuelle Lesart. Interessanterweise hat der Autor selbst diese Lesart, die bereits unmittelbar nach Erscheinen der Erzählung kursierte (siehe Hopkins), in einem Brief ausführlich kommentiert und dezidiert zurückgewiesen:

> Hyde was [...] not, Great Gods! a mere voluptuary. There is no harm in a voluptuary; and none, with my hand on my heart and in the sight of God, none – no harm whatever – in what prurient fools call 'immorality'. The harm was in Jekyll, because he was a hypocrite – not because he was fond of women; he says so himself; but people are so filled full of folly and inverted lust, that they can think of nothing but sexuality. The Hypocrite let out the beast Hyde – who is no more sexual than another, but who is the essence of cruelty and malice, and selfishness and cowardice: and these are the diabolic in man – not this poor wish to have a woman, that they make such a

---

17 *Vladimir Nabokov*, S. 182 f.

> cry about. I know, and I dare to say, you know as well as I, that bad and good, even to our human eyes, has no more connection with what is called dissipation than it has with flying kites. But the sexual field and the business field are perhaps the two best fitted for the display of cruelty and cowardice and selfishness. That is what people see; and then they confound[18].

Stevenson selbst lehnt also die Gleichsetzung zwischen Hyde und der Sexualität ab. Im Übrigen bekräftigt er auch Jekylls Prämisse, dass Hyde das Böse verkörpere, wobei er in seiner Präzisierung dieses Begriffs neben den erwartbaren Stichworten „cruelty ... malice ... selfishness" auch das weniger erwartbare Stichwort „cowardice" nennt, was damit zusammenhängt, dass für Stevenson der Mut eine Kardinaltugend ist[19].

Nun lässt sich nicht behaupten, dass es überhaupt keinen Zusammenhang zwischen Hyde und Jekylls Sexualität gäbe. In den freudianischen Deutungen wird allerdings in der Regel übersehen, dass dieser Zusammenhang nicht von vornherein existiert, sondern eine Geschichte hat. Bereits vor seiner ersten Verwandlung in Hyde führt Jekyll ein Doppelleben. Tagsüber widmet er sich seiner Wissenschaft, seinen Patienten und seinen karitativen Projekten, in den Nachtstunden amüsiert er sich. Bei der Beschreibung seiner Vergnügungen übt Jekyll viktorianische Zurückhaltung und beschränkt sich auf abstrakte Vokabeln wie „pleasures" oder „irregularities" (S. 48 / 73). Setzt man jedoch diese Begriffe und die Informationen über Hydes Wohnung in Beziehung, so kann es sich nur um Besuche in Nachtclubs und bei Prostituierten in Soho handeln. Wichtig ist, dass Jekyll seine nächtlichen Aktivitäten nicht verheimlicht, weil sie böse sind, sondern weil er um seinen Ruf fürchtet. Ich habe oben darauf hingewiesen, dass die Reputation in *Strange Case* eine wichtige Rolle spielt, und für Jekyll gilt dies in ganz besonderem Maße:

> „And indeed the worst of my faults was a certain impatient gaiety of disposition, such as has made the happiness of many, but such as I found it hard to reconcile with my imperious desire to carry my head high, and wear a more than commonly grave countenance before the public. [...] Many a man would have even blazoned such irregularities as I was guilty of; but from the high views that I had set before me, I regarded and hid them with an almost morbid sense of shame". (S. 47 f. / 73)

Nachdem das Verwandlungsexperiment geglückt ist, kommt Jekyll auf den fatalen Einfall, sein nächtliches Sexualleben in der Gestalt Hydes zu führen:

---

18   Robert Louis Stevenson im November 1887 an John Paul Bocock, in: The Letters of Robert Louis Stevenson, Hg. *Bradford A. Booth / Ernest Mehew*, Bd. 6, New Haven 1994, S. 56 f.

19   Vgl. z.B. *Robert Louis Stevenson*, Reflections on Human Life, in: The Works of Robert Louis Stevenson, Hg. Edmund Gosse, Pentland Edition, Bd. 15, London 1907, S. 407.

> „Men have before hired bravos to transact their crimes, while their own person and reputation sat under shelter. I was the first that ever did so for his pleasures". (S. 52 / 80)

Hyde wird zur Tarnkappe, die es Jekyll ermöglicht, sich ohne Sorgen um seine Reputation in das Nachtleben von Soho zu stürzen. Dass Hyde nicht mit der Sexualität Jekylls gleichbedeutend ist, geht auch daraus hervor, dass diese sich auf gravierende Weise verändert, als sie von Hyde ausgelebt wird:

> „The pleasures which I made haste to seek in my disguise were, as I have said, undignified; I would scarce use a harder term. But in the hands of Edward Hyde, they soon began to turn toward the monstrous." (S. 53 / 80)

Wenn die Sexualität Jekylls unter dem Einfluss Hydes pervertiert, dann muss sie vor dieser Pervertierung etwas anderes, vergleichsweise Normales und Harmloses gewesen sein. Der Zusammenhang zwischen Hyde und der Sexualität ist also nicht von Anfang an gegeben, sondern im Nachhinein von Jekyll hergestellt. Und er wird zum entscheidenden Faktor für den tragischen Verlauf von Jekylls Experiment mit der eigenen Person. Dass sich das Kräfteverhältnis zwischen Jekyll und Hyde zugunsten des zweiten verschiebt und dass die spontanen Verwandlungen in seine Richtung immer häufiger werden, liegt daran, dass Jekyll nicht mehr gegen einen, sondern gegen zwei Gegner kämpft, deren Allianz er selbst verschuldet hat. Diese Allianz, der Zusammenhang zwischen der Sexualität und dem Bösen, ist keine Voraussetzung der Erzählung, sondern eine Folge der Irrtümer Jekylls, und damit ist *Strange Case* nicht, wie manchmal behauptet wird, ein Ausdruck[20], sondern eine Analyse und eine Kritik der viktorianischen Sexualmoral.

In einem Aufsatz mit dem Titel „Sex, Secrecy, and Self-Alienation in *Strange Case of Dr. Jekyll and Mr. Hyde*" argumentiert Katherine Linehan in eine ähnliche Richtung wie der vorliegende Kommentar[21]. Linehan verknüpft *Strange Case* mit den ethischen Überlegungen, die Stevenson in einer wenig bekannten, erst posthum veröffentlichten Schrift mit dem Titel „Lay Morals" formuliert. Darin verwirft Stevenson die Forderung, bestimmte Anlagen oder Bestrebungen der eigenen Persönlichkeit zu unterdrücken und dafür andere zu favorisieren. Stattdessen schlägt er eine Ethik der Selbstentfaltung vor, deren Ziel darin besteht, die Vielzahl der Anlagen und Bestrebungen in Einklang zu bringen:

---

20 Z.B. *Stephen Heath*, Psychopathia sexualis: Stevenson's *Strange Case*, in: Critical Quarterly, Bd. 28, 1986, S. 93–108, S. 102 ff.

21 *Katherine Linehan, Sex, Secrecy, and Self-Alienation in Strange Case of Dr. Jekyll and Mr. Hyde*, in: Robert Louis Stevenson, Strange Case of Dr. Jekyll and Mr. Hyde, Hg. Katherine Linehan, A Norton Critical Edition, New York 2003, S. 204–213.

> Now to me this seems a type of that rightness which the soul demands. It demands that we shall not live alternately with our opposing tendencies in continual see-saw of passion and disgust, but seek some path on which the tendencies shall no longer oppose, but serve each other to a common end. It demands that we shall not pursue broken ends, but great and comprehensive purposes, in which soul and body may unite like notes in a harmonious chord[22].

Diese Ethik ist das genaue Gegenteil von Jekylls Lebenspraxis. Sie befindet sich auch nicht im Einklang mit den theoretischen Visionen, die Jekyll in seiner abschließenden Stellungnahme formuliert:

> [F]rom an early date, even before the course of my scientific discoveries had begun to suggest the most naked possibility of such a miracle, I had learned to dwell with pleasure, as a beloved daydream, on the thought of the separation of these elements. If each, I told myself, could but be housed in separate identities, life would be relieved of all that was unbearable; the unjust might go his way, delivered from the aspirations and remorse of his more upright twin; and the just could walk steadfastly and securely on his upward path, doing the good things in which he found his pleasure, and no longer exposed to disgrace and penitence by the hands of this extraneous evil. It was the curse of mankind that these incongruous faggots were thus bound together – that in the agonised womb of consciousness, these polar twins should be continuously struggling. How, then, were they dissociated? (S. 49 / 74 f.)

Die hier vorgeschlagene Dissoziation widerspricht der in „Lay Morals" dargestellten Integration der Persönlichkeit. Wo Jekyll von einer Trennung der polaren Kräfte träumt, fordert Stevenson eine Bündelung dieser Kräfte. Im Übrigen weicht der tatsächliche Verlauf der Ereignisse in fataler Weise von Jekylls Visionen ab. Gut und Böse trennen sich nicht voneinander, sondern bleiben in Jekyll nach wie vor vereinigt. Die einzige Änderung besteht darin, dass das Böse in Hyde eine zusätzliche Existenz erhält und sich in zunehmendem Maße der Gesamtpersönlichkeit bemächtigt. Wenn sich am Ende der Erzählung herausstellt, dass ein für die Verwandlungsmixtur notwendiges Pulver offenbar verunreinigt war und in der ursprünglichen Form nicht mehr zu beschaffen ist (mit anderen Worten: dass Jekylls chemische Theorien einen Fehler enthalten), so ist dies ein symbolischer Hinweis auf den fundamentalen anthropologischen und moralischen Irrtum, auf dem Jekylls Projekt beruht.

6. Stevenson und die Geschichte des Doppelgänger-Motivs

Die Geschichte des Doppelgängers beginnt in der antiken Komödie. In Plautus' *Amphitryon* (ca. 200 v. Chr.) verwandelt Jupiter sich in ein Ebenbild des Titelhelden und verbringt eine Liebesnacht mit dessen Frau Alkmene; in *Menaechmi*

---

[22] *Robert Louis Stevenson*, Lay Morals, in: The Works of Robert Louis Stevenson, Hg. Edmund Gosse, Pentland Edition, Bd. 15, London 1907, S. 443.

(ca. 200 v. Chr.) bringt Plautus Zwillinge auf die Bühne, die ständig miteinander verwechselt werden. Shakespeare schickt in seiner Bearbeitung der *Menaechmi*, der *Comedy of Errors* (1594), zwei Zwillingspaare ins Rennen und treibt damit die Verwechslungskomik auf die Spitze. In der Romantik wandelt sich das Motiv grundlegend. Wenn eine Figur einen Doppelgänger hat, dann geht es nicht mehr darum, dass andere die beiden verwechseln, sondern dass die Figur mit einem Aspekt ihres eigenen Selbst konfrontiert wird. Aus einem Handlungsmotiv, das die Interaktion zwischen Personen bestimmt, wird ein Figurenmotiv, das die psychischen Vorgänge innerhalb einer Person darstellt[23]. Außerdem ist das Motiv nicht mehr komisch, sondern tragisch. In Oscar Wildes *The Picture of Dorian Gray* (1890) nimmt die Titelfigur, indem sie das verhasste Porträt zerstört, sich selbst das Leben; in dem vergleichbaren Versuch, seinen Doppelgänger zu erstechen, tötet William Wilson in E. A. Poes gleichnamiger Kurzgeschichte (1839) die eigene Seele; in E. T. A. Hoffmanns *Die Elixiere des Teufels* (1815/16) ermordet der Doppelgänger des Protagonisten dessen Geliebte; und die Hauptfigur von Dostojewskis Roman *Der Doppelgänger* (1846) endet im Wahnsinn.

Die Aspekte der Persönlichkeit, welche die Doppelgänger des 19. Jahrhundert verkörpern, können sehr unterschiedlich sein: „Der Doppelgänger", schreibt Elisabeth Frenzel, „ist entweder der warnende Engel, das verdrängte gute Ich, oder der zählebige Teufel, die Inkarnation der nur halb unterdrückten bösen Eigenschaften"[24]. Kompliziertere Varianten sind ebenfalls möglich. In Stevensons „Markheim" (1886), einer kurz vor *Strange Case* geschriebenen Erzählung, argumentiert der Doppelgänger wie der Teufel; er rät der Hauptfigur, die bereits einen Mord begangen hat, einen weiteren zu begehen – mit dem Resultat, dass der Mörder den Pfad des Verbrechens verlässt und sich der Polizei stellt. Der Doppelgänger ist also nicht der Teufel, sondern eher ein Advocatus Diaboli[25]. Was auch immer der Doppelgänger verkörpert, in jedem Fall ist er ein Symptom des drohenden Zerfalls der Persönlichkeit. Ein Aspekt dieser Persönlichkeit hat

---

23 Diese schematische Gegenüberstellung zweier historischer Varianten des Motivs soll nicht bedeuten, dass in den Verwechslungskomödien das psychologische Moment vollkommen fehlt. Auch in diesen wird die Identität der Figuren gelegentlich problematisiert. Heinrich von Kleists *Amphitryon* (1807) ist ein Stück, das sich in der Übergangszone zwischen den beiden Varianten befindet.

24 *Elisabeth Frenzel*, Motive der Weltliteratur: Ein Lexikon dichtungsgeschichtlicher Längsschnitte, 3. Aufl., Stuttgart 1988, S. 101; zum Doppelgänger im 19. Jahrhundert vgl. *John Herdman*, The Double in Nineteenth-Century Fiction, Basingstoke 1990.

25 Vgl. *Burkhard Niederhoff*, The Double as Devil's Advocate: A Reading of Robert Louis Stevenson's Short Story "Markheim", in: Literatur in Wissenschaft und Unterricht, Bd. 29, 1996, S. 83–95.

sich so sehr verselbstständigt, so weit dem Willen und der Kontrolle entzogen, dass er wie ein fremdes oder gar feindliches Wesen agiert. Dass dieser Typ von Doppelgänger vermehrt zu Beginn des 19. Jahrhunderts auftaucht, ist sicherlich kein Zufall. Die Literatur des 18. Jahrhunderts hatte ein vergleichsweise optimistisches und rationales Bild des Menschen entworfen: Dieser habe von der Natur die richtigen Anlagen mitbekommen, die er unter der Leitung der Vernunft so entfalten könne, dass ein glückliches und erfülltes Leben möglich sei. Die Doppelgänger-Erzählungen des 19. Jahrhunderts artikulieren eine tiefe Skepsis gegenüber dieser Auffassung. Die Integration des Ichs ist zwar als Wunsch oder Norm nach wie vor präsent (siehe Stevensons „Lay Morals"), doch es besteht ein zunehmender Zweifel daran, dass sie gelingen kann.

Auch *Strange Case* zeigt eine Figur, die an der Integration des Ichs scheitert und ein tragisches Ende findet. In einem Punkt unterscheidet sich die Erzählung allerdings von anderen Darstellungen des Doppelgängers im 19. Jahrhundert. „So heißen Leute, die sich selber sehen", schreibt Jean Paul in seinem Roman *Siebenkäs* (1796/97) über Doppelgänger[26]. Diese konzise Definition trifft auf Dr. Jekyll und Mr. Hyde nicht zu. Sie können einander nicht sehen, da die Existenz des einen die des anderen ausschließt. Außerdem haben sie, was das äußere Erscheinungsbild angeht, keinerlei Ähnlichkeit miteinander. Damit fehlt auch die kognitive Verunsicherung, die in anderen Texten durch das Auftauchen des Doppelgängers ausgelöst wird. Dieser entzieht sich nicht nur dem Willen und der Kontrolle, sondern auch der Erklärung und Erkenntnis. Er wird zu einem kognitiven, vielleicht sogar epistemologischen Problem. Die betroffenen Figuren fragen sich, wie es möglich sein kann, dass ein Gegenüber mit ihnen identisch ist. Sie zweifeln an ihrer Wahrnehmung, ihrer Vernunft und ihrer Identität: Ist man wirklich die Person, die man zu sein glaubt oder geglaubt hat? Derartige Fragen stellt Jekyll sich nicht, zumindest nicht zu Beginn. Hyde ist schließlich geplant und gewollt. Anstatt zu zweifeln, sieht der Doktor sich und seine Theorien durch das Erscheinen des Doppelgängers bestätigt.

Indem Stevenson Hyde zu einem Produkt reiflicher Überlegung und Planung macht, verbindet er das Doppelgänger-Motiv mit dem Motiv der wissenschaftlichen Hybris, das in der englischen Literatur des 19. Jahrhunderts vor allem mit Mary Shelleys *Frankenstein* (1818) verknüpft ist. Hyde ist ein Forschungsprojekt, an dem Jekyll ähnlich lange arbeitet wie Frankenstein an der Erschaffung eines künstlichen Menschen. Jekyll verbindet mit diesem Projekt geradezu utopische Hoffnungen. Es soll nicht nur seine eigenen Probleme lösen, sondern die der Menschheit: „It was the curse of *mankind* that these incongruous faggots

---

26 *Jean Paul*, Siebenkäs, Berlin o.J., S. 73.

were thus bound together", heißt es in der oben zitierten Passage. Durch das Motiv der Hybris kommt der ethische Aspekt der Verantwortung stärker in Spiel als in anderen Doppelgänger-Erzählungen. Während deren Figuren das rätselhafte Geschehen nicht durchschauen und ihren Doppelgängern von Anfang an ausgeliefert sind, entscheidet sich Jekyll sehenden Auges für das fatale Experiment mit der eigenen Person. Er trägt die Schuld für die Folgen dieses Experiments: die Untaten Hydes und seinen eigenen Tod. Deshalb ist Stevensons Erzählung nicht nur eine Detektiverzählung und eine psychologische Fallstudie. Sie hat auch etwas von einer Fabel oder Parabel.

Hybris wird in der Regel bestraft. Auf die Euphorie, die mit der anfänglichen Selbstüberschätzung verbunden ist, folgen Enttäuschung und Verzweiflung. Der entscheidende Wendepunkt in *Strange Case* ist die erste spontane Verwandlung in Richtung Hyde. Die Darstellung dieser Verwandlung (genauer: der Entdeckung dieser Verwandlung) gehört zu den Glanzpunkten der Erzählung:

> „Some two months before the murder of Sir Danvers, I had been out for one of my adventures, had returned at a late hour, and woke the next day in bed with somewhat odd sensations. It was in vain I looked about me; in vain I saw the decent furniture and tall proportions of my room in the square; in vain that I recognised the pattern of the bed curtains and the design of the mahogany frame; something still kept insisting that I was not where I was, that I had not wakened where I seemed to be, but in the little room in Soho where I was accustomed to sleep in the body of Edward Hyde. I smiled to myself, and, in my psychological way, began lazily to inquire into the elements of this illusion, occasionally, even as I did so, dropping back into a comfortable morning doze. I was still so engaged when, in one of my more wakeful moments, my eye fell upon my hand. Now the hand of Henry Jekyll (as you have often remarked) was professional in shape and size: it was large, firm, white and comely. But the hand which I now saw, clearly enough, in the yellow light of a mid-London morning, lying half shut on the bed clothes, was lean, corded, knuckly, of a dusky pallor and thickly shaded with a swart growth of hair. It was the hand of Edward Hyde". (S. 53 f. / 82)

Dieses böse Erwachen entspricht dem Moment, in dem in anderen Texten eine Figur ihrem Doppelgänger begegnet. Das gilt auch für die kognitive Verunsicherung, die eine solche Begegnung in der Regel auslöst. Hier beginnt die Verunsicherung vergleichsweise harmlos: als leichte Orientierungsstörung, die den Aufwachenden nicht besonders beunruhigt. Im Gegenteil, er lächelt selbstgefällig und scheint die Störung zu begrüßen, als ein interessantes psychologisches Problem, das er mit seiner wissenschaftlichen Expertise sicherlich bald lösen wird. Doch der Anblick der eigenen Hand belehrt ihn eines Besseren. Es geht nicht um eine Störung in der Wahrnehmung des Schlafzimmermobiliars, sondern um die Identität des Wahrnehmenden selbst. Dieser weiß buchstäblich nicht mehr, wer er ist. Durch den Schock, den dieses Erlebnis auslöst, ist Jekylls

Selbstvertrauen erschüttert, und im weiteren Verlauf wird er den Figuren in anderen Doppelgänger-Darstellungen des 19. Jahrhunderts immer ähnlicher. Er ist nicht mehr der souveräne Wissenschaftler, der das Geschehen durchschaut und kontrolliert, sondern ein hilfloser Mensch, der in einen verzweifelten und letztlich aussichtslosen Kampf um die Kontrolle über das eigene Selbst verstrickt ist.

Ich schließe diesen Kommentar mit dem Ausblick auf eine Doppelgänger-Erzählung des frühen 20. Jahrhunderts. Sie unterscheidet sich von den düsteren und tragischen Texten des 19. Jahrhunderts durch ihr gutes Ende und durch eine andere Sicht auf Fragen der Identität. Die Erzählung trägt den Titel „The Secret Sharer" und stammt aus der Feder von Joseph Conrad, der in einigen Punkten mit Stevenson vergleichbar ist: Beide unternahmen lange Seereisen (Conrad als Offizier auf Handelsschiffen, Stevenson als Tourist und Schriftsteller auf der Suche nach Sujets), und beide nutzten ihre Erfahrungen in fernen Kolonien, um die Auswirkungen des europäischen Imperialismus darzustellen. Protagonist und Erzähler von „The Secret Sharer" ist ein junger britischer Kapitän, der namenlos bleibt, was auf die Identitätskrise hinweist, in der er sich befindet. Er steht vor einer Bewährungsprobe, da er sein erstes Kommando übernommen hat und weder dem Schiff und der Crew noch sich selbst traut. Er bezeichnet sich als „stranger to the ship" und „stranger to myself"[27]. In dieser Situation nimmt er heimlich einen fremden Offizier an Bord. Dieser hat in einem schweren Sturm sein Schiff und dessen Mannschaft gerettet, dabei aber auch den Tod eines ungehorsamen Matrosen verschuldet, von dem er sich zu einer tätlichen Auseinandersetzung hat provozieren lassen. Nun befindet er sich auf der Flucht, da ihm die Todesstrafe droht. Der Kapitän versteckt den Fremden einige Tage lang in seiner Kabine, weil er sich mit ihm identifiziert und ihn aufgrund seines entschlossenen Handelns als Vorbild sieht. Obwohl die beiden sich nicht gleichen, nimmt er ständig Ähnlichkeiten wahr und bezeichnet den Fremden als „double", „other self" oder „secret self"[28]. Schließlich verhilft er ihm mit einem waghalsigen Manöver zur Flucht, indem er das Schiff in die Nähe einer Insel manövriert und dem Fremden ermöglicht, an Land zu schwimmen. Die Erzählung schließt mit den Worten „a free man, a proud swimmer striking out for a new destiny". Das bezieht sich auf den Fremden, aber ebenso gut auf den Erzähler, der seine eigene Bewährungsprobe bestanden hat, sich mit seinem Schiff vertraut fühlt und in seiner Rolle als Kapitän angekommen ist.

---

[27] *Joseph Conrad*, The Secret Sharer, in: Selected Tales from Conrad, Hg. Nigel Stewart, London 1977, S. 98.
[28] *Joseph Conrad*, S. 105, 109, 116 (u. passim).

Es ist unschwer zu erkennen, dass der Doppelgänger in „The Secret Sharer" eine andere Rolle spielt als in *Strange Case* und anderen Erzählungen des 19. Jahrhunderts. Dies hängt auch mit einem anderen Verständnis der Persönlichkeit zusammen. In den Texten des 19. Jahrhunderts ist diese etwas Gegebenes, eine Gesamtheit von Anlagen und Bestrebungen, die es unter der Leitung der Vernunft und der Moral zu zügeln und zu bündeln gilt. Unter solchen Voraussetzungen hat Jekylls Erkenntnis „man is not truly one, but truly two" (S. 48 / 74) immer etwas Bedrohliches; der Doppelgänger gefährdet die Einheit und den Zusammenhalt des Selbst. Versteht man die Persönlichkeit aber weniger hierarchisch und zentralistisch, sieht man sie als ein flexibles Ensemble von Möglichkeiten, das entwickelt und erweitert werden darf, dann gewinnt die Vorstellung „man is not truly one, but truly two" etwas Tröstliches und Ermutigendes. Dafür bietet „The Secret Sharer" ein schönes Beispiel. Der Kapitän verhilft dem Doppelgänger zur Freiheit und der Doppelgänger dem Kapitän zu einer neuen Identität.

Juristische Zeitgeschichte

Herausgeber: Prof. Dr. Dr. Dr. h.c. Thomas Vormbaum, FernUniversität in Hagen

Abteilung 1: Allgemeine Reihe

1 *Thomas Vormbaum (Hrsg.):* Die Sozialdemokratie und die Entstehung des Bürgerlichen Gesetzbuchs. Quellen aus der sozialdemokratischen Partei und Presse (1997)
2 *Heiko Ahlbrecht:* Geschichte der völkerrechtlichen Strafgerichtsbarkeit im 20. Jahrhundert (1999)
3 *Dominik Westerkamp:* Pressefreiheit und Zensur im Sachsen des Vormärz (1999)
4 *Wolfgang Naucke:* Über die Zerbrechlichkeit des rechtsstaatlichen Strafrechts. Gesammelte Aufsätze zur Strafrechtsgeschichte (2000)
5 *Jörg Ernst August Waldow:* Der strafrechtliche Ehrenschutz in der NS-Zeit (2000)
6 *Bernhard Diestelkamp:* Rechtsgeschichte als Zeitgeschichte. Beiträge zur Rechtsgeschichte des 20. Jahrhunderts (2001)
7 *Michael Damnitz:* Bürgerliches Recht zwischen Staat und Kirche. Mitwirkung der Zentrumspartei am Bürgerlichen Gesetzbuch (2001)
8 *Massimo Nobili:* Die freie richterliche Überzeugungsbildung. Reformdiskussion und Gesetzgebung in Italien, Frankreich und Deutschland seit dem Ausgang des 18. Jahrhunderts (2001)
9 *Diemut Majer:* Nationalsozialismus im Lichte der Juristischen Zeitgeschichte (2002)
10 *Bianca Vieregge:* Die Gerichtsbarkeit einer „Elite". Nationalsozialistische Rechtsprechung am Beispiel der SS- und Polizeigerichtsbarkeit (2002)
11 *Norbert Berthold Wagner:* Die deutschen Schutzgebiete (2002)
12 *Miloš Vec:* Die Spur des Täters. Methoden der Identifikation in der Kriminalistik (1879–1933), (2002)
13 *Christian Amann:* Ordentliche Jugendgerichtsbarkeit und Justizalltag im OLG-Bezirk Hamm von 1939 bis 1945 (2003)
14 *Günter Gribbohm:* Das Reichskriegsgericht (2004)
15 *Martin M. Arnold:* Pressefreiheit und Zensur im Baden des Vormärz. Im Spannungsfeld zwischen Bundestreue und Liberalismus (2003)
16 *Ettore Dezza:* Beiträge zur Geschichte des modernen italienischen Strafrechts (2004)
17 *Thomas Vormbaum (Hrsg.):* „Euthanasie" vor Gericht. Die Anklageschrift des Generalstaatsanwalts beim OLG Frankfurt/M. gegen Werner Heyde u. a. vom 22. Mai 1962 (2005)
18 *Kai Cornelius:* Vom spurlosen Verschwindenlassen zur Benachrichtigungspflicht bei Festnahmen (2006)
19 *Kristina Brümmer-Pauly:* Desertion im Recht des Nationalsozialismus (2006)
20 *Hanns-Jürgen Wiegand:* Direktdemokratische Elemente in der deutschen Verfassungsgeschichte (2006)
21 *Hans-Peter Marutschke (Hrsg.):* Beiträge zur modernen japanischen Rechtsgeschichte (2006)
22 *Katrin Stoll:* Die Herstellung der Wahrheit (2011)

23 *Thorsten Kurtz:* Das Oberste Rückerstattungsgericht in Herford (2014)
24 *Sebastian Schermaul:* Die Umsetzung der Karlsbader Beschlüsse an der Universität Leipzig 1819–1848 (2013)
25 *Minoru Honda:* Beiträge zur Geschichte des japanischen Strafrechts (2020)
26 *Michael Seiters:* Das strafrechtliche Schuldprinzip. Im Spannungsfeld zwischen philosophischem, theologischem und juridischem Verständnis von Schuld (2020)

Abteilung 2: Forum Juristische Zeitgeschichte

1 *Franz-Josef Düwell / Thomas Vormbaum (Hrsg.):* Themen juristischer Zeitgeschichte (1) – Schwerpunktthema: Recht und Nationalsozialismus (1998)
2 *Karl-Heinz Keldungs:* Das Sondergericht Duisburg 1943–1945 (1998)
3 *Franz-Josef Düwell / Thomas Vormbaum (Hrsg.):* Themen juristischer Zeitgeschichte (2) – Schwerpunktthema: Recht und Juristen in der Revolution von 1848/49 (1998)
4 *Thomas Vormbaum:* Beiträge zur juristischen Zeitgeschichte (1999)
5 *Franz-Josef Düwell / Thomas Vormbaum:* Themen juristischer Zeitgeschichte (3), (1999)
6 *Thomas Vormbaum (Hrsg.):* Themen juristischer Zeitgeschichte (4), (2000)
7 *Frank Roeser:* Das Sondergericht Essen 1942–1945 (2000)
8 *Heinz Müller-Dietz:* Recht und Nationalsozialismus – Gesammelte Beiträge (2000)
9 *Franz-Josef Düwell (Hrsg.):* Licht und Schatten. Der 9. November in der deutschen Geschichte und Rechtsgeschichte – Symposium der Arnold-Freymuth-Gesellschaft, Hamm (2000)
10 *Bernd-Rüdiger Kern / Klaus-Peter Schroeder (Hrsg.):* Eduard von Simson (1810–1899). „Chorführer der Deutschen" und erster Präsident des Reichsgerichts (2001)
11 *Norbert Haase / Bert Pampel (Hrsg.):* Die Waldheimer „Prozesse" – fünfzig Jahre danach. Dokumentation der Tagung der Stiftung Sächsische Gedenkstätten am 28. und 29. September in Waldheim (2001)
12 *Wolfgang Form (Hrsg.):* Literatur- und Urteilsverzeichnis zum politischen NS-Strafrecht (2001)
13 *Sabine Hain:* Die Individualverfassungsbeschwerde nach Bundesrecht (2002)
14 *Gerhard Pauli / Thomas Vormbaum (Hrsg.):* Justiz und Nationalsozialismus – Kontinuität und Diskontinuität. Fachtagung in der Justizakademie des Landes NRW, Recklinghausen, am 19. und 20. November 2001 (2003)
15 *Mario Da Passano (Hrsg.):* Europäische Strafkolonien im 19. Jahrhundert. Internationaler Kongreß des Dipartimento di Storia der Universität Sassari und des Parco nazionale di Asinara, Porto Torres, 25. Mai 2001 (2006)
16 *Sylvia Kesper-Biermann / Petra Overath (Hrsg.):* Die Internationalisierung von Strafrechtswissenschaft und Kriminalpolitik (1870–1930). Deutschland im Vergleich (2007)
17 *Hermann Weber (Hrsg.):* Literatur, Recht und Musik. Tagung im Nordkolleg Rendsburg vom 16. bis 18. September 2005 (2007)
18 *Hermann Weber (Hrsg.):* Literatur, Recht und (bildende) Kunst. Tagung im Nordkolleg Rendsburg vom 21. bis 23. September 2007 (2008)
19 *Francisco Muñoz Conde / Thomas Vormbaum (Hrsg.):* Transformation von Diktaturen in Demokratien und Aufarbeitung der Vergangenheit (2010)

20 *Kirsten Scheiwe / Johanna Krawietz (Hrsg.):* (K)Eine Arbeit wie jede andere? Die Regulierung von Arbeit im Privathaushalt (2014)
21 *Helmut Irmen:* Das Sondergericht Aachen 1941–1945 (2018)

Abteilung 3: Beiträge zur modernen deutschen Strafgesetzgebung. Materialien zu einem historischen Kommentar

1 *Thomas Vormbaum / Jürgen Welp (Hrsg.):* Das Strafgesetzbuch seit 1870. Sammlung der Änderungen und Neubekanntmachungen; fünf Textbände (1999–2017) und drei Supplementbände (2005, 2006)
2 *Christian Müller:* Das Gewohnheitsverbrechergesetz vom 24. November 1933. Kriminalpolitik als Rassenpolitik (1998)
3 *Maria Meyer-Höger:* Der Jugendarrest. Entstehung und Weiterentwicklung einer Sanktion (1998)
4 *Kirsten Gieseler:* Unterlassene Hilfeleistung – § 323c StGB. Reformdiskussion und Gesetzgebung seit 1870. (1999)
5 *Robert Weber:* Die Entwicklung des Nebenstrafrechts 1871–1914 (1999)
6 *Frank Nobis:* Die Strafprozeßgesetzgebung der späten Weimarer Republik (2000)
7 *Karsten Felske:* Kriminelle und terroristische Vereinigungen – §§ 129, 129a StGB (2002)
8 *Ralf Baumgarten:* Zweikampf – §§ 201–210 a.F. StGB (2003)
9 *Felix Prinz:* Diebstahl – §§ 242 ff. StGB (2003)
10 *Werner Schubert / Thomas Vormbaum (Hrsg.):* Entstehung des Strafgesetzbuchs. Kommissionsprotokolle und Entwürfe. Band 1: 1869 (2002); Band 2: 1870 (2004)
11 *Lars Bernhard:* Falsche Verdächtigung (§§ 164, 165 StGB) und Vortäuschen einer Straftat (§ 145d StGB), (2003)
12 *Frank Korn:* Körperverletzungsdelikte – §§ 223 ff., 340 StGB. Reformdiskussion und Gesetzgebung von 1870 bis 1933 (2003)
13 *Christian Gröning:* Körperverletzungsdelikte – §§ 223 ff., 340 StGB. Reformdiskussion und Gesetzgebung seit 1933 (2004)
14 *Sabine Putzke:* Die Strafbarkeit der Abtreibung in der Kaiserzeit und in der Weimarer Zeit. Eine Analyse der Reformdiskussion und der Straftatbestände in den Reformentwürfen (1908–1931), (2003)
15 *Eckard Voßiek:* Strafbare Veröffentlichung amtlicher Schriftstücke (§ 353d Nr. 3 StGB). Gesetzgebung und Rechtsanwendung seit 1851 (2004)
16 *Stefan Lindenberg:* Brandstiftungsdelikte – §§ 306 ff. StGB. Reformdiskussion und Gesetzgebung seit 1870 (2004)
17 *Ninette Barreneche†:* Materialien zu einer Strafrechtsgeschichte der Münchener Räterepublik 1918/1919 (2004)
18 *Carsten Thiel:* Rechtsbeugung – § 339 StGB. Reformdiskussion und Gesetzgebung seit 1870 (2005)
19 *Vera Große-Vehne:* Tötung auf Verlangen (§ 216 StGB), „Euthanasie" und Sterbehilfe. Reformdiskussion und Gesetzgebung seit 1870 (2005)
20 *Thomas Vormbaum / Kathrin Rentrop (Hrsg.):* Reform des Strafgesetzbuchs. Sammlung der Reformentwürfe. Band 1: 1909 bis 1919. Band 2: 1922 bis 1939. Band 3: 1959 bis 1996 (2008)

21 *Dietmar Prechtel:* Urkundendelikte (§§ 267 ff. StGB). Reformdiskussion und Gesetzgebung seit 1870 (2005)
22 *Ilya Hartmann:* Prostitution, Kuppelei, Zuhälterei. Reformdiskussion und Gesetzgebung seit 1870 (2006)
23 *Ralf Seemann:* Strafbare Vereitelung von Gläubigerrechten (§§ 283 ff., 288 StGB). Reformdiskussion und Gesetzgebung seit 1870 (2006)
24 *Andrea Hartmann:* Majestätsbeleidigung (§§ 94 ff. StGB a.F.) und Verunglimpfung des Staatsoberhauptes (§ 90 StGB). Reformdiskussion und Gesetzgebung seit dem 19. Jahrhundert (2006)
25 *Christina Rampf:* Hausfriedensbruch (§ 123 StGB). Reformdiskussion und Gesetzgebung seit 1870 (2006)
26 *Christian Schäfer:* „Widernatürliche Unzucht" (§§ 175, 175a, 175b, 182, a.F. StGB). Reformdiskussion und Gesetzgebung seit 1945 (2006)
27 *Kathrin Rentrop:* Untreue und Unterschlagung (§§ 266 und 246 StGB). Reformdiskussion und Gesetzgebung seit dem 19. Jahrhundert (2007)
28 *Martin Asholt:* Straßenverkehrsstrafrecht. Reformdiskussion und Gesetzgebung seit dem Ausgang des 19. Jahrhunderts (2007)
29 *Katharina Linka:* Mord und Totschlag (§§ 211–213 StGB). Reformdiskussion und Gesetzgebung seit 1870 (2008)
30 *Juliane Sophia Dettmar:* Legalität und Opportunität im Strafprozess. Reformdiskussion und Gesetzgebung von 1877 bis 1933 (2008)
31 *Jürgen Durynek:* Korruptionsdelikte (§§ 331 ff. StGB). Reformdiskussion und Gesetzgebung seit dem 19. Jahrhundert (2008)
32 *Judith Weber:* Das sächsische Strafrecht im 19. Jahrhundert bis zum Reichsstrafgesetzbuch (2009)
33 *Denis Matthies:* Exemplifikationen und Regelbeispiele. Eine Untersuchung zum 100-jährigen Beitrag von Adolf Wach zur „Legislativen Technik" (2009)
34 *Benedikt Rohrßen:* Von der „Anreizung zum Klassenkampf" zur „Volksverhetzung" (§ 130 StGB). Reformdiskussion und Gesetzgebung seit dem 19. Jahrhundert (2009)
35 *Friederike Goltsche:* Der Entwurf eines Allgemeinen Deutschen Strafgesetzbuches von 1922 (Entwurf Radbruch) (2010)
36 *Tarig Elobied:* Die Entwicklung des Strafbefehlsverfahrens von 1846 bis in die Gegenwart (2010)
37 *Christina Müting:* Sexuelle Nötigung; Vergewaltigung (§ 177 StGB) (2010)
38 *Nadeschda Wilkitzki:* Entstehung des Gesetzes über Internationale Rechtshilfe in Strafsachen (IRG) (2010)
39 *André Brambring:* Kindestötung (§ 217 a.F. StGB). Reformdiskussion und Gesetzgebung seit 1870 (2010)
40 *Wilhelm Rettler:* Der strafrechtliche Schutz des sozialistischen Eigentums in der DDR (2010)
41 *Yvonne Hötzel:* Debatten um die Todesstrafe in der Bundesrepublik Deutschland von 1949 bis 1990 (2010)
42 *Dagmar Kolbe:* Strafbarkeit im Vorfeld und im Umfeld der Teilnahme (§§ 88a, 110, 111, 130a und 140 StGB). Reformdiskussion und Gesetzgebung seit dem 19. Jahrhundert (2011)
43 *Sami Bdeiwi:* Beischlaf zwischen Verwandten (§ 173 StGB). Reform und Gesetzgebung seit 1870 (2014)

44 *Michaela Arnold:* Verfall, Einziehung und Unbrauchbarmachung (§§ 73 bis 76a StGB). Reformdiskussion und Gesetzgebung seit dem 19. Jahrhundert (2015)
45 *Andrea Schurig:* „Republikflucht" (§§ 213, 214 StGB/DDR). Gesetzgeberische Entwicklung, Einfluss des MfS und Gerichtspraxis am Beispiel von Sachsen (2016)
46 *Sandra Knaudt:* Das Strafrecht im Großherzogtum Hessen im 19. Jahrhundert bis zum Reichsstrafgesetzbuch (2017)
47 *Michael Rudlof:* Das Gesetz zur Strafbarkeit der geschäftsmäßigen Förderung der Selbsttötung (§ 217 StGB nF.) (2018)
48 *Karl Müller:* Steuerhinterziehung (§§ 370, 371 AO). Gesetzgebung und Reformdiskussion seit dem 19. Jahrhundert (2018)
49 *Katharina Kühne:* Die Entwicklung des Internetstrafrechts unter besonderer Berücksichtigung der §§ 202a–202c StGB sowie § 303a und § 303b StGB (2018)
50 *Benedikt Beßmann:* Das Strafrecht des Herzogtums Braunschweig im 19. Jahrhundert bis zum Reichsstrafgesetzbuch (2019)
51 *Josef Roth:* Die Entwicklung des Weinstrafrechts seit 1871 (2020)
52 *Arne Fischer*: Die Legitimität des Sportwettbetrugs (§ 265c StGB). Unter besonderer Berücksichtigung des „Rechtsguts" Integrität des Sports (2020)
53 *Julius Hagen*: Die Nebenklage im Gefüge strafprozessualer Verletztenbeteiligung. Der Weg in die viktimäre Gesellschaft. Gesetzgebung und Reformdiskurs seit 1870 (2021)
54 *Teresa Frank*: Die Wiederaufnahme zuungunsten des Angeklagten im Strafverfahren. Reformdiskussion und Gesetzgebung seit dem Neunzehnten Jahrhundert (2022)

Abteilung 4: Leben und Werk. Biographien und Werkanalysen

1 *Mario A. Cattaneo:* Karl Grolmans strafrechtlicher Humanismus (1998)
2 *Gerit Thulfaut:* Kriminalpolitik und Strafrechtstheorie bei Edmund Mezger (2000)
3 *Adolf Laufs:* Persönlichkeit und Recht. Gesammelte Aufsätze (2001)
4 *Hanno Durth:* Der Kampf gegen das Unrecht. Gustav Radbruchs Theorie eines Kulturverfassungsrechts (2001)
5 *Volker Tausch:* Max Güde (1902–1984). Generalbundesanwalt und Rechtspolitiker (2002)
6 *Bernd Schmalhausen:* Josef Neuberger (1902–1977). Ein Leben für eine menschliche Justiz (2002)
7 *Wolf Christian von Arnswald:* Savigny als Strafrechtspraktiker. Ministerium für die Gesetzesrevision (1842–1848), (2003)
8 *Thilo Ramm:* Ferdinand Lassalle. Der Revolutionär und das Recht (2004)
9 *Martin D. Klein:* Demokratisches Denken bei Gustav Radbruch (2007)
10 *Francisco Muñoz Conde:* Edmund Mezger – Beiträge zu einem Juristenleben (2007)
11 *Whitney R. Harris:* Tyrannen vor Gericht. Das Verfahren gegen die deutschen Hauptkriegsverbrecher nach dem Zweiten Weltkrieg in Nürnberg 1945–1946 (2008)
12 *Eric Hilgendorf (Hrsg.):* Die deutschsprachige Strafrechtswissenschaft in Selbstdarstellungen (2010)

13 *Tamara Cipolla:* Friedrich Karl von Strombeck. Leben und Werk – Unter besonderer Berücksichtigung des Entwurfes eines Strafgesetzbuches für ein Norddeutsches Staatsgebiet (2010)
14 *Karoline Peters:* J.D.H. Temme und das preußische Strafverfahren in der Mitte des 19. Jahrhunderts (2010)
15 *Eric Hilgendorf (Hrsg.):* Die ausländische Strafrechtswissenschaft in Selbstdarstellungen. Die internationale Rezeption des deutschen Strafrechts (2019)
16 *Hannes Ludyga:* Otto Kahn-Freund (1900–1979). Ein Arbeitsrechtler in der Weimarer Zeit (2016)
17 *Rudolf Bastuck:* Rudolf Wassermann. Vision und Umsetzung einer inneren Justizreform (2020)
18 *Eric Hilgendorf (Hrsg.):* Die deutschsprachige Strafrechtswissenschaft in Selbstdarstellungen II (2021)

Abteilung 5: Juristisches Zeitgeschehen.
Rechtspolitik und Justiz aus zeitgenössischer Perspektive

Mitherausgegeben von Gisela Friedrichsen („Der Spiegel")
und RA Prof. Dr. Franz Salditt

1 *Diether Posser:* Anwalt im Kalten Krieg. Ein Stück deutscher Geschichte in politischen Prozessen 1951–1968. 3. Auflage (1999)
2 *Jörg Arnold (Hrsg.):* Strafrechtliche Auseinandersetzung mit Systemvergangenheit am Beispiel der DDR (2000)
3 *Thomas Vormbaum (Hrsg.):* Vichy vor Gericht: Der Papon-Prozeß (2000)
4 *Heiko Ahlbrecht / Kai Ambos (Hrsg.):* Der Fall Pinochet(s). Auslieferung wegen staatsverstärkter Kriminalität? (1999)
5 *Oliver Franz:* Ausgehverbot für Jugendliche („Juvenile Curfew") in den USA. Reformdiskussion und Gesetzgebung seit dem 19. Jahrhundert (2000)
6 *Gabriele Zwiehoff (Hrsg.):* „Großer Lauschangriff". Die Entstehung des Gesetzes zur Änderung des Grundgesetzes vom 26. März 1998 und des Gesetzes zur Änderung der Strafprozeßordnung vom 4. Mai 1998 in der Presseberichterstattung 1997/98 (2000)
7 *Mario A. Cattaneo:* Strafrechtstotalitarismus. Terrorismus und Willkür (2001)
8 *Gisela Friedrichsen / Gerhard Mauz:* Er oder sie? Der Strafprozeß Böttcher/Weimar. Prozeßberichte 1987 bis 1999 (2001)
9 *Heribert Prantl / Thomas Vormbaum (Hrsg.):* Juristisches Zeitgeschehen 2000 in der Süddeutschen Zeitung (2001)
10 *Helmut Kreicker:* Art. 7 EMRK und die Gewalttaten an der deutsch-deutschen Grenze (2002)
11 *Heribert Prantl / Thomas Vormbaum (Hrsg.):* Juristisches Zeitgeschehen 2001 in der Süddeutschen Zeitung (2002)
12 *Henning Floto:* Der Rechtsstatus des Johanniterordens. Eine rechtsgeschichtliche und rechtsdogmatische Untersuchung zum Rechtsstatus der Balley Brandenburg des ritterlichen Ordens St. Johannis vom Spital zu Jerusalem (2003)
13 *Heribert Prantl / Thomas Vormbaum (Hrsg.):* Juristisches Zeitgeschehen 2002 in der Süddeutschen Zeitung (2003)

14 *Kai Ambos / Jörg Arnold (Hrsg.):* Der Irak-Krieg und das Völkerrecht (2004)
15 *Heribert Prantl / Thomas Vormbaum (Hrsg.):* Juristisches Zeitgeschehen 2003 in der Süddeutschen Zeitung (2004)
16 *Sascha Rolf Lüder:* Völkerrechtliche Verantwortlichkeit bei Teilnahme an „Peacekeeping"-Missionen der Vereinten Nationen (2004)
17 *Heribert Prantl / Thomas Vormbaum (Hrsg.):* Juristisches Zeitgeschehen 2004 in der Süddeutschen Zeitung (2005)
18 *Christian Haumann:* Die „gewichtende Arbeitsweise" der Finanzverwaltung. Eine Untersuchung über die Aufgabenerfüllung der Finanzverwaltung bei der Festsetzung der Veranlagungssteuern (2008)
19 *Asmerom Ogbamichael:* Das neue deutsche Geldwäscherecht (2011)
20 *Lars Chr. Barnewitz:* Die Entschädigung der Freimaurerlogen nach 1945 und nach 1989 (2011)
21 *Ralf Gnüchtel:* Jugendschutztatbestände im 13. Abschnitt des StGB (2013)
22 *Helmut Irmen:* Stasi und DDR-Militärjustiz. Der Einfluss des MfS auf Militärjustiz und Militärstrafvollzug in der DDR (2014)
23 *Pascal Johann:* Möglichkeiten und Grenzen des neuen Vermögenschabschöpfungsrechts. Eine Untersuchung zur vorläufigen Sicherstellung und der Einziehung von Vermögen unklarer Herkunft (2019)
24 *Zekai Dağaşan:* Das Ansehen des Staates im türkischen und deutschen Strafrecht (2015)
25 *Camilla Bertheau:* Politisch unwürdig? Entschädigung von Kommunisten für nationalsozialistische Gewaltmaßnahmen. Bundesdeutsche Gesetzgebung und Rechtsprechung der 50er Jahre (2016)
26 *Anja J. Weissbrodt:* Etwas Besseres als den Tod – Aktuelle Regelung der Suizidbeihilfe und ihre Auswirkungen auf die Ärzteschaft (2021)

Abteilung 6: Recht in der Kunst – Kunst im Recht

Mitherausgegeben von Prof. Dr. Gunter Reiß
und Prof. Dr. Anja Schiemann

1 *Heinz Müller-Dietz:* Recht und Kriminalität im literarischen Widerschein. Gesammelte Aufsätze (1999)
2 *Klaus Lüderssen (Hrsg.):* »Die wahre Liberalität ist Anerkennung«. Goethe und die Juris prudenz (1999)
3 *Bertolt Brecht:* Die Dreigroschenoper (1928) / Dreigroschenroman (1934). Mit Kommentaren von Iring Fetscher und Bodo Plachta (2001)
4 *Annette von Droste-Hülshoff:* Die Judenbuche (1842) / Die Vergeltung (1841). Mit Kommentaren von Heinz Holzhauer und Winfried Woesler (2000)
5 *Theodor Fontane:* Unterm Birnbaum (1885). Mit Kommentaren von Hugo Aust und Klaus Lüderssen (2001)
6 *Heinrich von Kleist:* Michael Kohlhaas (1810). Mit Kommentaren von Wolfgang Naucke und Joachim Linder (2000)
7 *Anja Sya:* Literatur und juristisches Erkenntnisinteresse. Joachim Maass' Roman „Der Fall Gouffé" und sein Verhältnis zu der historischen Vorlage (2001)

8   *Heiner Mückenberger:* Theodor Storm – Dichter und Richter. Eine rechtsgeschichtliche Lebensbeschreibung (2001)
9   *Hermann Weber (Hrsg.):* Annäherung an das Thema „Recht und Literatur". Recht, Literatur und Kunst in der NJW (1), (2002)
10 *Hermann Weber (Hrsg.):* Juristen als Dichter. Recht, Literatur und Kunst in der NJW (2), (2002)
11 *Hermann Weber (Hrsg.):* Prozesse und Rechtsstreitigkeiten um Recht, Literatur und Kunst. Recht, Literatur und Kunst in der NJW (3), (2002)
12 *Klaus Lüderssen:* Produktive Spiegelungen. 2., erweiterte Auflage (2002)
13 *Lion Feuchtwanger:* Erfolg. Drei Jahre Geschichte einer Provinz. Roman (1929). Mit Kommentaren von Theo Rasehorn und Ernst Ribbat (2002)
14 *Jakob Wassermann:* Der Fall Maurizius. Roman (1928). Mit Kommentaren von Thomas Vormbaum und Regina Schäfer (2003)
15 *Hermann Weber (Hrsg.):* Recht, Staat und Politik im Bild der Dichtung. Recht, Literatur und Kunst in der Neuen Juristischen Wochenschrift (4), (2003)
16 *Hermann Weber (Hrsg.):* Reale und fiktive Kriminalfälle als Gegenstand der Literatur. Recht, Literatur und Kunst in der Neuen Juristischen Wochenschrift (5), (2003)
17 *Karl Kraus:* Sittlichkeit und Kriminalität. (1908). Mit Kommentaren von Helmut Arntzen und Heinz Müller-Dietz (2004)
18 *Hermann Weber (Hrsg.):* Dichter als Juristen. Recht, Literatur und Kunst in der Neuen Juristischen Wochenschrift (6), (2004)
19 *Hermann Weber (Hrsg.):* Recht und Juristen im Bild der Literatur. Recht, Literatur und Kunst in der Neuen Juristischen Wochenschrift (7), (2005)
20 *Heinrich von Kleist:* Der zerbrochne Krug. Ein Lustspiel (1811). Mit Kommentaren von Michael Walter und Regina Schäfer (2005)
21 *Francisco Muñoz Conde / Marta Muñoz Aunión:* „Das Urteil von Nürnberg". Juristischer und filmwissenschaftlicher Kommentar zum Film von Stanley Kramer (1961), (2006)
22 *Fjodor Dostojewski:* Aufzeichnungen aus einem Totenhaus (1860). Mit Kommentaren von Heinz Müller-Dietz und Dunja Brötz (2005)
23 *Thomas Vormbaum (Hrsg.):* Anton Matthias Sprickmann. Dichter und Jurist. Mit Kommentaren von Walter Gödden, Jörg Löffler und Thomas Vormbaum (2006)
24 *Friedrich Schiller:* Verbrecher aus Infamie (1786). Mit Kommentaren von Heinz Müller-Dietz und Martin Huber (2006)
25 *Franz Kafka:* Der Proceß. Roman (1925). Mit Kommentaren von Detlef Kremer und Jörg Tenckhoff (2006)
26 *Heinrich Heine:* Deutschland. Ein Wintermährchen. Geschrieben im Januar 1844. Mit Kommentaren von Winfried Woesler und Thomas Vormbaum (2006)
27 *Thomas Vormbaum (Hrsg.):* Recht, Rechtswissenschaft und Juristen im Werk Heinrich Heines (2006)
28 *Heinz Müller-Dietz:* Recht und Kriminalität in literarischen Spiegelungen (2007)
29 *Alexander Puschkin:* Pique Dame (1834). Mit Kommentaren von Barbara Aufschnaiter/Dunja Brötz und Friedrich-Christian Schroeder (2007)
30 *Georg Büchner:* Danton's Tod. Dramatische Bilder aus Frankreichs Schreckensherrschaft. Mit Kommentaren von Sven Kramer und Bodo Pieroth (2007)

31 *Daniel Halft:* Die Szene wird zum Tribunal! Eine Studie zu den Beziehungen von Recht und Literatur am Beispiel des Schauspiels „Cyankali" von Friedrich Wolf (2007)
32 *Erich Wulffen:* Kriminalpsychologie und Psychopathologie in Schillers Räubern (1907). Herausgegeben von Jürgen Seul (2007)
33 *Klaus Lüderssen:* Produktive Spiegelungen: Recht in Literatur, Theater und Film. Band II (2007)
34 *Albert Camus:* Der Fall. Roman (1956). Mit Kommentaren von Brigitte Sändig und Sven Grotendiek (2008)
35 *Thomas Vormbaum (Hrsg.):* Pest, Folter und Schandsäule. Der Mailänder Prozess wegen „Pestschmierereien" in Rechtskritik und Literatur. Mit Kommentaren von Ezequiel Malarino und Helmut C. Jacobs (2008)
36 *E.T.A. Hoffmann:* Das Fräulein von Scuderi – Erzählung aus dem Zeitalter Ludwigs des Vierzehnten (1819). Mit Kommentaren von Heinz Müller-Dietz und Marion Bönnighausen (2010)
37 *Leonardo Sciascia:* Der Tag der Eule. Mit Kommentaren von Gisela Schlüter und Daniele Negri (2010)
38 *Franz Werfel:* Eine blaßblaue Frauenschrift. Novelle (1941). Mit Kommentaren von Matthias Pape und Wilhelm Brauneder (2011)
39 *Thomas Mann:* Das Gesetz. Novelle (1944). Mit Kommentaren von Volker Ladenthin und Thomas Vormbaum (2013)
40 *Theodor Storm:* Ein Doppelgänger. Novelle (1886) (2013)
41 *Dorothea Peters:* Der Kriminalrechtsfall ‚Kaspar Hauser' und seine Rezeption in Jakob Wassermanns Caspar-Hauser-Roman (2014)
42 *Jörg Schönert:* Kriminalität erzählen (2015)
43 *Klaus Lüderssen:* Produktive Spiegelungen. Recht im künstlerischen Kontext. Band 3 (2014)
44 *Franz Kafka:* In der Strafkolonie. Erzählung (1919) (2015)
45 *Heinz Müller-Dietz:* Recht und Kriminalität in literarischen Brechungen (2016)
46 *Hermann Weber (Hrsg.):* Das Recht als Rahmen für Literatur und Kunst. Tagung im Nordkolleg Rendsburg vom 4. bis 6. September 2015 (2017)
47 *Walter Müller-Seidel:* Rechtsdenken im literarischen Text. Deutsche Literatur von der Weimarer Klassik zur Weimarer Republik (2017)
48 *Honoré de Balzac:* Eine dunkle Geschichte. Roman (1841). Mit Kommentaren von Luigi Lacchè und Christian von Tschilschke (2018)
49 *Anja Schiemann:* Der Kriminalfall Woyzeck. Der historische Fall und Büchners Drama (2018)
50 *E.T.A. Hoffmann:* Meister Floh. Ein Mährchen in sieben Abentheuern zweier Freunde (1822). Mit Kommentaren von Michael Niehaus und Thomas Vormbaum (2018)
51 *Bodo Pieroth:* Deutsche Schriftsteller als angehende Juristen (2018)
52 *Theodor Fontane:* Grete Minde. Nach einer altmärkischen Chronik (1880). Mit Kommentaren von Anja Schiemann und Walter Zimorski (2018)
53 *Britta Lange / Martin Roeber / Christoph Schmitz-Scholemann (Hrsg.):* Grenzüberschreitungen: Recht, Normen, Literatur und Musik. Tagung im Nordkolleg Rendsburg vom 8. bis 10. September 2017 (2019)
54 *Wolfgang Schild*: Richard Wagner *recht* betrachtet (2020)

55 *Uwe Scheffler u.a. (Hrsg.)*: Musik und Strafrecht. Ein Streifzug durch eine tönende Welt (2021)
56 *Britta Lange / Martin Roeber / Christoph Schmitz-Scholemann (Hrsg.)*: Verbrechen und Sprache. Tagung im Nordkolleg Rendsburg vom 13. bis 15. September 2019 (2021)
57 *Dirk Falkner*: Straftheorie von Leo Tolstoi (2021)
58 *Dela-Madeleine Halecker u.a. (Hrsg.)*: Kunst und Strafrecht. Eine Reise durch eine schillernde Welt (2022)
59 *Robert Louis Stevenson*: Der seltsame Fall von Dr. Jekyll und Mr. Hyde. 1886. Mit Kommentaren von Anja Schiemann und Burkhard Niederhoff (2022)

Abteilung 7: Beiträge zur Anwaltsgeschichte

Mitherausgegeben von RA Dr. Dieter Finzel (†), RA Dr. Tilman Krach; RA Dr. Thomas Röth; RA Dr. Ulrich Wessels; Prof. Dr. Gabriele Zwiehoff

1 *Babette Tondorf*: Strafverteidigung in der Frühphase des reformierten Strafprozesses. Das Hochverratsverfahren gegen die badischen Aufständischen Gustav Struve und Karl Blind (1848/49), (2006)
2 *Hinrich Rüping*: Rechtsanwälte im Bezirk Celle während des Nationalsozialismus (2007)
3 *Dieter Finzel*: Geschichte der Rechtsanwaltskammer Hamm (2018)

Abteilung 8: Judaica

1 *Hannes Ludyga*: Philipp Auerbach (1906–1952). „Staatskommissar für rassisch, religiös und politisch Verfolgte" (2005)
2 *Thomas Vormbaum*: Der Judeneid im 19. Jahrhundert, vornehmlich in Preußen. Ein Beitrag zur juristischen Zeitgeschichte (2006)
3 *Hannes Ludyga*: Die Rechtsstellung der Juden in Bayern von 1819 bis 1918. Studie im Spiegel der Verhandlungen der Kammer der Abgeordneten des bayerischen Landtags (2007)
4 *Michele Sarfatti*: Die Juden im faschistischen Italien. Geschichte, Identität, Verfolgung (2014)

Abteilung 9: Beiträge zur modernen Verfassungsgeschichte

1 *Olaf Kroon: Die Verfassung von Cádiz (1812). Spaniens Sprung in die Moderne, gespiegelt an der Verfassung Kurhessens von 1831 (2019)*